Claudia Brandau

Wir
vom Jahrgang
1964
Kindheit und Jugend

Impressum

Bildnachweis:

Archiv Claudia Brandau: Umschlag, S. 4–7, 9–19, 21–23, 25–29, 31, 34–37, 41, 42, 45, 46, 48, 50, 52–55, 57–59, 61–63 o.; ullstein bild – Public Address: S. 8, 47 o.; ullstein bild – dpa: S. 20; ullstein bild – Oscar Poss: S. 38; ullstein bild – Gisbert Paech: S. 43 o; ullstein bild – Jazz Archiv Hamburg: S. 43 u.; ullstein bild – United Archives: S. 44; ullstein bild – ullstein bild: S. 47 u.; ullstein bild – dpa: S. 49; picture-alliance/akg-images: S. 24; picture-alliance/dpa: S. 30, 60; picture-alliance/dpa/Bert Reisfeld: S. 40 l./ picture-alliance/dpa/Wolfgang Weihs: S. 40 r.; picture-alliance/dpa/Göttert: S. 63 u.; Salamander AG, Kornwestheim: S. 32; Presse-Bild-Poss: S. 33; Smilingsun.org/OOA Fonden: S. 56 o./u.

Wir danken allen Lizenzträgern für die freundliche Abdruckgenehmigung.
In Fällen, in denen es nicht gelang, Rechtsinhaber an Abbildungen zu ermitteln, bleiben Honoraransprüche gewahrt.

17. Auflage 2024
Alle Rechte vorbehalten, auch die des auszugsweisen
Nachdrucks und der fotomechanischen Wiedergabe.
Gestaltung und Satz: r2 | Ravenstein, Verden
Druck: Druck- und Verlagshaus Thiele & Schwarz GmbH, Kassel
Buchbinderische Verarbeitung: Buchbinderei S. R. Büge, Celle
© Wartberg-Verlag GmbH
34281 Gudensberg-Gleichen • Im Wiesental 1
Telefon: 056 03/9 30 50 • www.wartberg-verlag.de
ISBN: 978-3-8313-3064-5

Liebe 1964er!

Wir hatten Glück. Obwohl wir in einer Zeit aufwuchsen, in der das Fernsehen nur drei Programme ausstrahlte und Telefone noch Wählscheiben hatten, haben wir unsere Kindheit nicht nur überlebt, sondern sogar genossen. Oder vielleicht gerade deshalb. Wir hatten viel Zeit, unsere Kindheit mit anderen Kindern draußen auf der Straße zu verbringen. Nach Hause gingen wir an einem Nachmittag mit Freunden nur dann, wenn wir vor Hunger oder Durst beinahe aus den Sätteln unserer Bonanza- oder Klappräder kippten.

Auch was die Zahl unserer Freunde anging, hatten wir Glück. 1964 wurden 1,35 Millionen Kinder in der Bundesrepublik geboren. Das sind so viele wie nie zuvor und nie danach, wir sind der absolute Gipfel des Baby-Boomer-Berges, denn die Aufbruchstimmung war ungebrochen, die Anti-Baby-Pille kam gerade erst auf den Markt.

Wir wuchsen in einer Zeit auf, in der man mit D-Mark bezahlte, tschüss am Ende mit ß schrieb und die DDR als Zone bezeichnete. Die Währung und die Rechtschreibung haben sich geändert, die innerdeutsche Grenze ist längst verschwunden. Genau wie die großblumigen Tapeten, die braunen Cordsessel und die bunten Gardinen jener Zeit.

Wer anfängt, sich zu erinnern, nimmt die Spur zu den Dingen seiner Kindheit auf. Ob wir in Flensburg oder in Passau aufwuchsen, es ist uns allen doch etwas gemein: die Erinnerung an eine Zeit, in der alles quietschbunt und vor allem knallorange war.

Claudia Brandau

Claudia Brandau

Kinder und Karossen: Wünsche werden wahr

Kinderkriegen war ausschließlich Frauensache: Mütter und Hebammen hießen den kleinen 1964er willkommen

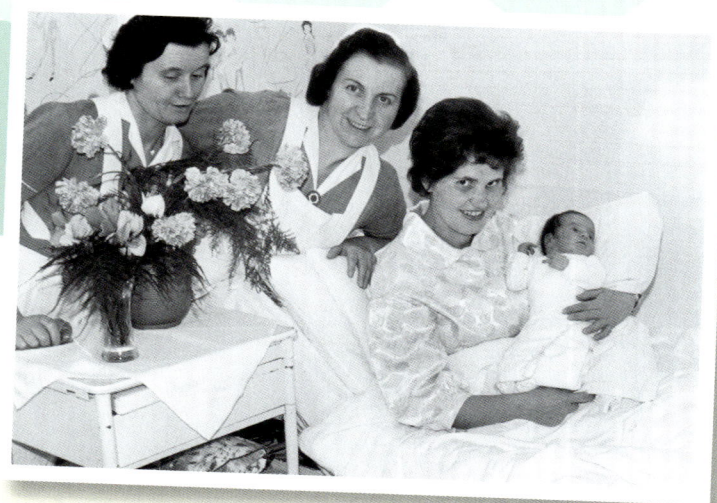

Väter mussten draußen bleiben

„Sie müssen leider draußen bleiben." Diesen Satz hörten viele Väter, als sie im Jahr 1964 ihre Frauen zur Entbindung in ein Krankenhaus brachten. Spätestens an der Tür zum Kreißsaal schlug ihnen eine autoritäre Krankenschwester dieselbe vor der Nase zu. Es war nicht die Zeit, in dem Paare die Geburt ihres Kindes gemeinsam erlebten. Im Gegenteil: Eine Geburt stellte für Frauen eine einsame Sache dar. Kreißsäle waren noch weiße und sterile Behandlungs-

Chronik

31. März 1964
Die Beatles belegen die ersten fünf Plätze der US-Hitparade.

1. August 1964
Der Britin Mary Quandt gelingt mit dem Minirock der Durchbruch.

2. August 1964
Vietnamesische Kriegsschiffe beschießen im Golf von Tongking einen amerikanischen Zerstörer. Das ist für Präsident Lyndon B. Johnson ein Angriff auf sein Land. Der Vietnam-Krieg beginnt.

9. September 1964
Zum ersten Mal dürfen DDR-Bürger im Rentenalter Verwandte im Westen besuchen.

14. Oktober 1964
Nikita Chruschtschow wird entmachtet, Leonid Ilitsch Breschnew übernimmt den Parteivorsitz der KPdSU.

10. Dezember 1964
Martin Luther King erhält den Friedensnobelpreis.

29. Januar 1965
Die Industrie boomt: Bei Smog darf in Nordrhein-Westfalen ein Fahrverbot verhängt werden.

16. Juli 1965
Nach sechs Jahren Bauzeit wird der Mont-Blanc-Tunnel eröffnet. Der verbindet unter dem Alpenmassiv Italien und Frankreich.

1. April 1966
Der Schulanfang wird in der Bundesrepublik von Ostern auf den Herbst verlegt.

4. Mai 1966
Mao Tse-tung läutet die „Große proletarische Kulturrevolution" ein. In China herrscht Bürgerkrieg.

6. November 1966
Die vor zwei Jahren gegründete Nationale Partei Deutschlands (NPD) verbucht bei den Landtagswahlen in Hessen und zwei Wochen später in Bayern erschreckenderweise Erfolge.

räume, in denen Männer – außer Ärzten – nichts zu suchen hatten. Weil man die Kinder nicht mehr zu Hause, sondern im Krankenhaus bekam, dauerte es meist seine Zeit, bis die Familie daheim vom Nachwuchs erfuhr.

In nur wenigen Häusern gab es damals einen Telefonanschluss. Die Apparate waren klobig, schwarz, besaßen eine Wählscheibe – und waren selten. Die Telefonnummern waren extrem kurz, oft hatten sie nur drei Stellen hinter der Vorwahl. Trotzdem funktionierten sie. Der werdende Vater also rief bangend im Krankenhaus an, um zu hören, ob der Nachwuchs bald komme oder schon da sei. Bei seinem ersten Besuch im Krankenhaus gönnten ihm die Krankenschwestern einen kurzen Blick auf das Baby. Das durfte er sich meist nur hinter einer Scheibe ansehen. Damit war das Kind sicher vor Besuchern und vor Bakterien.

Hinter Gittern

Sicher waren wir als Neugeborene aber nicht nur hinter Scheiben, sondern auch als Kleinkinder im Laufstall. Kinder, die munter auf Stufen zu krabbelten oder zielsicher zur heißen Herdplatte tapsten, brachte man unbarmherzig hinter Gitter. Das Laufställchen war für Erwachsene eine

Aktion Sicheres Sitzen: Wenn kein Laufstall in der Nähe war, tat es auch mal der Einkaufskorb

Holt mich hier raus: Wir saßen festgezurrt im Kindearwagen

segensreiche Erfindung, die man ungeachtet aller Proteste nutzte. Für uns Kinder war sie die zweite Erfahrung der Freiheitsberaubung. Die erste hatten wir bereits im Kinderwagen: Die Karren hatten hohe dünne Räder und einen abwaschbaren Bezug. Darin saßen wir als Babys, eine Art Geschirr zurrte uns im Wagen fest. Diese Art Kindersicherung war gleich in zweierlei Sinne verwendbar: einmal als Sicherung im Kinderwagen, später als Lauflernhilfe. Dem stolpernden Kleinkind wurde es um Brust und Arme gelegt, die Erwachsenen hielten die beiden Lederriemen fest. Wer nach vorne fiel, wurde aufgefangen. Wer nach hinten kippte, hatte schlicht Pech.

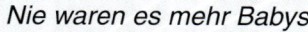

Nie waren es mehr Babys

1964 ist der einsame Gipfel des Baby-Boomer-Berges. Weit mehr als eine Million Paare setzten Nachwuchs in die Welt. Exakt 1 357 304 Kinder wurden im kinderreichsten Jahr in der Geschichte Deutschlands in Ost und West geboren. Unsere Eltern waren mit dem Wirtschafts-wunder groß geworden. Sie hatten, wenn nicht längst alles, so doch vieles erreicht und angeschafft, nur die Kinder fehlten. Die wuchsen in den folgenden Jahren in großer Zahl heran: die Anti-Baby-Pille gab es noch nicht, sie kam erst Ende der 1960er-Jahre auf den Markt.

Auch diese 64er-Promis wurden geboren:

Henry Maske –
*6. Januar (Boxer)

Frauke Ludowig –
*10. Januar (Moderatorin)

Jeff Bezos –
*12. Januar (Gründer von
amazon.de)

Russell Crowe –
*7. März (Schauspieler)

Elle MacPherson –
*29. März (Model)

Lenny Kravitz –
*26. Mai (Sänger)

Caroline Link –
*2. Juni (Regisseurin)

Jürgen Klinsmann –
*30. Juli (Fußballer)

Keanu Reeves –
*2. September
(Schauspieler)

Martina Gedeck –
*14. Sep. (Schauspielerin)

Nicole –
*25. Oktober (Sängerin)

Calista Flockhardt –
*11. Nov. (Schauspielerin)

Hape Kerkeling –
*9. Dezember (Entertainer)

Johannes B. Kerner –
*9. Dezember (Talkmaster)

Ben Becker –
*19. Dezember (Schauspieler)

Hauptsache sauber

Das Aufziehen des Nachwuchses war in den 60ern
mit viel Handarbeit verbunden. Die Windeln der
neuen Generation wurden mit der Hand gewaschen,
in Eimern eingeweicht, auf dem Herd ausgekocht.
Aber es zeichneten sich schon erste Arbeitserleich-
terungen ab. Die Windel befand sich 1964 im
Umbruch. Pampers waren noch lange keine Selbstverständlichkeit, aber viele Mütter liebäugelten mit
der ungeheuer praktischen Wegwerfwindel. Es gab
eine Pampers-Vorstufe: Wir trugen Gummihosen mit
Mulleinlagen. Waschmaschinen taten nur das, was

Mühsames Ernähren. Muskel-
kraft ersetzte in den 60ern die
fehlende Technik

ihr Name sagte. Die Wäsche auch trocken zu schleudern, davon war erst
einmal keine Rede. Schleudergeräte waren deshalb keine Seltenheit mehr, sie
hielten verstärkt Einzug in die Waschküchen, vor allem die der Marke Frauenlob.
  Doch bis es so weit war, dass die Wäsche in der Schleuder lag, mussten
Frauen viel schrubben, einweichen, waschen, wringen. Viele Frauen standen
Waschmaschinen mit Skepsis gegenüber. In manchen Orten vermieteten
clevere Unternehmer tageweise ihre Waschmaschine. Man machte einen
Termin aus, der Verleiher rollte per Handkarren das Gerät an und es walkte

von morgens bis abends Trommel für Trommel durch. Am Abend kehrte der Waschmaschinenbesitzer zurück und karrte sein Gerät von dannen. Dieser Service war oft mit großer Aufregung verbunden: Die Wäsche musste zuvor sortiert und auf ihre Belastbarkeit hin geprüft werden. Eine Waschmaschine, so die Überzeugung vieler Frauen, strapaziere das Gewebe über Gebühr, zerstöre es eher, als es zu reinigen.

Der Wunsch nach Sauberkeit und Hygiene machte dennoch vor keinem Bereich Halt. Wenn unsere Großmütter und Mütter nicht klopften und bürsteten, dann bohnerten sie. Alle halbe Jahre wurden die Stein- und Linoleumböden mit einem Spachtel abgekratzt und komplett neu gebohnert. Für Kleinkinder, die gerade laufen lernten und noch wenig Standsicherheit hatten, war das eine rutschige Angelegenheit. Der Drang nach Staub- und Keimfreiheit machte vor keiner Ritze halt. Alle acht Wochen verwüsteten unsere Mütter die Schlafzimmer, nahmen die damals noch dreiteiligen Matratzen aus dem Bettgestell und schleppten, schubsten, schoben sie ächzend die Treppen runter nach draußen. Dort bearbeiteten sie mit Teppichklopfer und Bürsten die Dreiteiler in der Sonne, bis auch die letzte Hausstaub-Milbe aufgab und fluchtartig die Matratze verließ.

Die Fab Four – Die fabelhaften Vier

Die Beatles waren so bahnbrechend wie unerreicht erfolgreich. Anfang der 60er brach die Beatle-Mania aus. Paul McCartney, John Lennon, George Harrison und Ringo Starr aus Liverpool begeisterten Jugendliche auf der ganzen Welt. Nach „Love me do" (1962) war „Please, please me" (1963) der erste Megaseller. Anfang 1964 belegten Beatles-Kompositionen in Amerika die Plätze eins bis fünf der US-Charts. Lennon/McCartney etablierten sich als Songschreiber von Weltformat, komponierten einen Hit nach dem anderen. In Sachen Popularität konnte den Beatles niemand das Wasser reichen. Es erfüllte sich der Traum, den Lennon als Jugendlicher geträumt hatte:

berühmter zu werden als Elvis Presley. Als er dann 1966 feststellte, die Beatles seien mittlerweile auch berühmter als Jesus Christus, kam es zwar zu Protesten der Moralhüter, doch die Beatles waren rund um den Erdball die Nummer eins. Bis zu ihrer Trennung im Jahr 1970 verkauften sie eine Milliarde Platten. Und das, obwohl die Plattenfirma Decca die Beatles Anfang 1962 mit der Begründung abgelehnt hatte, Gitarrenbands seien schon lange „auf dem Weg ins Aus".

Kittelschürzen und Milchpulver

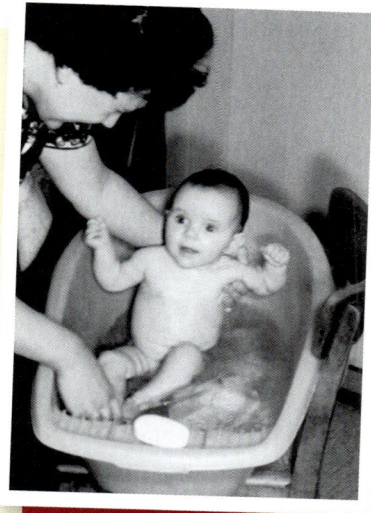

Wenig Komfort, viel Spaß: Baden in der Wanne auf dem Küchenstuhl

Wir 64er hingen in vielerlei Hinsicht zwischen Tradition und Fortschritt. Die Tradition bestand in der Arbeitsuniform der Mütter. Fast alle Frauen trugen Kittelschürzen, wenn sie im Haus wuselten. Die waren je nach Arbeitsgebiet gemustert. Beim Spülen und bei der Arbeit im Garten zeigte sich die Kittelschürze als fröhliches, meist mit Blumen bedrucktes Modell. Auf der Straße oder beim Einkaufen machte sich eine einfarbige Variante gut. Wenn es jedoch um die Säuglingspflege ging, wechselte man gerne zu einer ernsthaften weißen Schürze. Als Babys müssen wir geglaubt haben, dass unsere Mütter allesamt Kinderkrankenschwestern waren.

Der Fortschritt bestand in der Fläschchennahrung. Stillen galt als altmodisch. Immer mehr Frauen schwenkten auf die neue Nahrung um. „Das ist praktisch: Da weiß man doch wenigstens genau, wie viel das Kind getrunken hat", berichteten die Mütter begeistert. Das Fläschchen war schnell fertig, Stillen viel zu zeitaufwendig. Wir waren mit die erste Generation, die Babygläschen mit Früchten als Dessert bekam. Doch gleich, was es war, es gab es zu festen Zeiten. Babys wurden streng nach der Uhr gefüttert. Alle vier Stunden gab es etwas zu trinken. Wem der Magen früher knurrte, der musste eben zusehen, wie er die Zeit bis zur nächsten Mahlzeit herumbrachte.

Anpfiff für die Bundesliga

Im August 1963 wurde der erste Spieltag der neuen deutschen Fußballbundesliga angepfiffen, Köln ging aus den Hin- und Rückspielen von 16 Profimannschaften 1964 als Meister hervor. Das Fußballfieber griff um sich. Musste man vorher am Kofferradio sitzen, um die Ergebnisse zu hören, konnte man in den 60ern aufs Fernsehen umsteigen und sehen, was

vorher nur zu hören gewesen war. Wer den Anpfiff nicht verpassen wollte, musste seinen Apparat früh einschalten. Die Bildröhre brauchte ewig, um ein einigermaßen klares, wenn auch nur schwarz-weißes Bild zu zaubern.

Fußball und Vereine: Das waren die größten Freizeitangebote.

Boxen macht Furore

Dem Boxsport haftete 1964 ein eher verruchtes Image an. Der amerikanische Schwergewichtler Cassius Clay (*1942) änderte das. Sein eleganter Stil und sein großes Mundwerk trieben auch die vor die Fernseher, die sich bisher nicht fürs Boxen interessiert hatten. Als Amateur wurde Clay 1960 Olympiasieger, 1964 wurde er der bislang jüngste Boxweltmeister. 1965 trat er als Muhammad Ali der militanten Schwarzenbewegung der Black Muslims bei. Weil er sich weigerte am Vietnamkrieg teilzunehmen, entzogen ihm die Boxverbände im Mai 1967 den Weltmeistertitel. „They never come back", lautete eine eiserne Regel des Boxsports. Muhammad Ali durchbrach sie. Er kehrte auf die Box-Bühne zurück und holte sich 1974 den Weltmeistertitel im Kampf gegen George Foreman. 1980 endete seine Karriere. Muhammed Ali verstarb 2016.

Vom Leben ohne Eisfach

Die Nahrungsfrage wurde oft sehr pragmatisch gelöst. Auf den Bauernhöfen, auf denen mehrere Generationen unter einem Dach lebten, hatten meist die (Schwieger-)Mütter das Sagen. Auch in den Küchen. So wurde auf dem Lande das Essen morgens, kurz bevor man in den Stall ging, auf den Herd gesetzt. Möhren, Bohnen, Erbsen, Spinat und Lauch zeigten sich nach einer dreistündigen Kochzeit von ihrer schlaffen Seite.

Weil sich kaum jemand eine eigene Tiefkühltruhe leisten konnte, schafften findige Bürgermeister Abhilfe. In den kleineren Orten wurden in den 60ern Gemeinschafts-Gefrierhäuser gebaut. Dort mietete sich jede Familie ein oder mehrere Fächer und füllte die mit selbst Geschlachtetem, mit Obst und Gemüse aus dem Garten. Die Stromkosten teilte man sich. Wer immer einen Beutel Erdbeeren zum Backen aus dem Fach holte, verband das mit einem Gang durchs Dorf, schob vielleicht gleichzeitig den Kinderwagen vor sich her und kam auf diese Art mit anderen Menschen ins Gespräch. Nicht wenige Kleinkinder teilten sich deshalb auf dem Rückweg vom Gefrierhaus den Platz im Kinderwagen mit eiskalten Beuteln Erbsen und Möhren oder einem gefrorenen Schulterstück vom Schwein. Lange Spaziergänge von Müttern mit Kinderwagen mitten in der Woche galten hingegen als Luxus. Wenn das Baby an die frische Luft sollte, legte man es in den Kinderwagen und stellte den in den Schatten unter einen Baum. Sonntags aber schoben die Eltern den auf hohen Rädern schaukelnden Kinderwagen gemeinsam vor sich her.

Da war der Wurm drin

Daran gibt es keinen Zweifel: Das Essen in den 60ern war wesentlich eintöniger als heute. Als Gemüse standen der ewige Spinat, Blumenkohl, Sauerkraut, Erbsen und Möhren auf dem Tisch. Es gab weder solch exotische Sachen wie Zucchini noch Brokkoli, auch Rucola und Eisbergsalat eroberten die Supermärkte erst Jahre später. Frische garantierten Kopfsalat, Radieschen und Gurken. Gute Butter galt wie eine echte Tasse Bohnenkaffee als Luxus. Als kleines Kind setzte man da gerne von ganz allein auf Fleisch: Schließlich musste man nur bittend gucken, damit die Verkäuferin in der Metzgerei eine Scheibe Wurst über den Tresen reichte. Als wir dann ein paar Jahre später keine Gratis-Scheibe mehr beim Einkaufen bekamen, wussten wir, dass wir groß waren.

Als Nachtisch gab es das für die Ewigkeit eingeweckte Obst. Das hatte meist die Halbwertzeit von vielen hundert Jahren und bot damit keine Gefahr, zu verderben. Nach beinahe jedem Mittagessen standen Einmachgläser voller Kirschen oder Birnen auf dem Tisch. Die Kirschen aber waren ein zweischneidiges Schwert. Die waren lecker, aber oft schon längst von Würmern besetzt. Wenn der luftdicht verschlossene Deckel geöffnet wurde, suchten wir fieberhaft das Glas nach den Wurmleichen ab. Die lagen immer auf dem Grund und verdarben einem am Schluss den ganzen Spaß am Nachtisch. Vor allem, wenn man sie erst dann entdeckte, nachdem man schon alle Kirschen aufgegessen hatte. Deshalb aßen wir lieber eingekochte Birnen, die mochten die Würmer nicht. Als dann endlich der giftgrüne und quietschrote Wackelpudding frisch aus der Tüte auf den Tisch kam, war uns endgültig die Lust auf eingekochte Kirschen vergangen. Das Leckerste war Schokoladenpudding mit Vanillesoße. Den aber gab es nur sonntags.

1. bis 3. Lebensjahr

Kaninchen weg, Karossen her

Unsere Eltern waren Mitte der 60er unendlich stolz auf ihr erstes Auto. Das stellte eine Anschaffung dar, von der sie viele Jahre geträumt hatten. Selbst eine Isetta machte ihre Besitzer glücklich – erwies sich aber als keinesfalls familientauglich. Da musste schon was Größeres her. Opel Rekord und Ford M17, VW Käfer Standard und BMW 2002 eroberten die Garagen, die überall wie Pilze aus dem Boden schossen. Holzschuppen, Kaninchenställe, Grünflächen und Rabatten verschwanden zugunsten einer Unterstellmöglichkeit fürs Auto.

Das Ortsschild war für unsere Eltern nicht mehr die Grenze der Mobilität. Am Sonntag zockelten die Ausflügler stolz im neuen Gefährt in fremde Orte. Dabei war meist der Weg das Ziel: In einem Gasthaus einzukehren, konnte sich kaum jemand leisten. Deshalb packten die Eltern neben Kindern auch Stühle und Kaffeekannen in den Käfer. An einem lauschigen Plätzchen wurde Rast gemacht, Kinder, Kannen und Kuchen wurden ausgepackt und es wurde gepicknickt. Wer einen DKW besaß, war fein raus, denn dessen Rückbank ließ sich problemlos ausbauen und auf der Wiese zu einem bequemen Rastplatz umfunktionieren.

Sicherheitsgurte oder gar Kindersitze für den Nachwuchs gab es in diesen Fahrzeugen nicht. Da hatte man uns als Babys im Kinderwagen angegurtet, aber bei den Autos kam kein Mensch auf die Idee, sich um unsere Sicherheit zu sorgen. Wir mussten uns deshalb selbst darum kümmern, in den Kurven nicht hin und her zu fliegen und dabei auf unsere Geschwister zu prallen. Wer sich nicht festhielt, landete eben mit Beulen auf der anderen Seite der Rückbank.

Ganzer Stolz: der Sohn und das Auto

12

So gerne die Väter auch Auto fuhren, so musste man stets wissen, wie viel
Benzin noch im Tank war. Tankstellen waren nicht weit verbreitet. Wer einen
Ausflug plante, war deshalb vorsichtig und dachte mit. Aus Furcht, plötzlich mit
leerem Tank dazustehen, hatte jeder Autofahrer immer einen Fünfliterkanister
Benzin dabei. Der reichte für die Ford Granadas und Taunus, die in den 70ern
auf den Straßen rollten, allerdings nur für extrem kurze Strecken, denn diese
Modelle erwiesen sich als ungeheure Spritschlucker. Die Autofahrer hätten
sich Anfang der 60er noch immer per Handschlag begrüßen können, so selten
waren sie auf den ländlichen Straßen anzutreffen. In den Städten sah das
anders aus. Es entstanden aber immer mehr kleine Autowerkstätten. Wenn der
Vater seinen stotternden Opel reparieren lassen wollte, fuhr er in die kleine
Werkstatt nebenan. „Kennst du einen Motor, kennst du alle", war damals das
Motto der Mechaniker.

Das berüchtigte Wembley-Tor

*War es eines oder war es keines? Das
umstrittenste Tor der Fußballgeschichte
fiel am 30. Juli 1966 im Londoner Wemb-
ley-Stadion. Beim Finale der Fußball-Welt-
meisterschaft spielte der Gastgeber
gegen das deutsche Team unter Kapitän
Uwe Seeler und gewann mit 4:2. Das Tor
zum 3:2 in der Verlängerung sorgte für
endlose Diskussionen. Geoffrey Hurst
drosch den Ball an die Querlatte, von da*
*sprang er ins Spielfeld und wurde ins Aus
geköpft. Die deutsche Mannschaft
reklamierte, der Ball habe die Torlinie
nicht überschritten. Das sah auch der
Schiedsrichter so, erkannte dann aber
nach Absprache mit dem Linienrichter
das Tor zum 3:2 an. Bis heute ist trotz
Fernsehaufnahmen nicht geklärt, ob denn
das Tor des Jahrhunderts nun eines war
oder nicht.*

1. bis 3. Lebensjahr

Eine starke Gemeinschaft: Wir waren viele

Nicht TÜV-geprüft: Die Spielplätze hatten noch keinen hohen pädagogischen Anspruch

Kindsein gefährdet die Gesundheit

Eigentlich ein Wunder, dass so viele unseres Jahrgangs ihre Kindheit überlebten. Nicht, dass sich unsere Eltern nicht um uns gekümmert hätten. Sie besaßen schlicht eine gewisse Lässigkeit, was das Spielen draußen anging. Die Rollenverteilung war klar. Sie gingen ihrer Arbeit im Beruf und im Haushalt nach, wir tobten auf der Straße. Kindergärten waren in den Städten längst eine

Chronik

28. Januar 1967
Die USA, Großbritannien und die UdSSR schließen ein Abkommen über die friedliche Nutzung des Weltraums.

2. Juni 1967
In Berlin wird der Student Benno Ohnesorg bei einer Demonstration gegen den Besuch des Schahs von Persien erschossen. Die Studentenbewegung radikalisiert sich.

5. Juni 1967
Der Sechs-Tage-Krieg zwischen Israel und seinen arabischen Nachbarn beginnt.

25. August 1967
In der Bundesrepublik beginnt das Zeitalter des Farbfernsehens.

9. Oktober 1967
Ernesto Che Guevara Serna wird von Regierungssoldaten in Bolivien gefangen genommen und später erschossen.

3. Dezember 1967
Christiaan Barnard verpflanzt in Kapstadt das erste menschliche Herz.

1. Januar 1968
Oswald Kolles Aufklärungsfilm „Das Wunder der Liebe" hat Premiere.

4. April 1968
Ein Rassenfanatiker tötet den Bürgerrechtler Martin Luther King in den USA.

25. Juli 1968
Papst Paul VI. verbietet den Katholiken die Empfängnisverhütung mit der Pille.

9. Februar 1969
Die Boeing 747, das größte Passagierflugzeug der Welt, startet zu seinem Jungfernflug.

20./21. Juli 1969
Die amerikanische Besatzung der Raumfähre Apollo 11 landet auf dem Mond. Neil Armstrong betritt als erster Mensch den Mond.

15.–17. August 1969
Das legendäre Woodstock-Festival wird zum Höhepunkt der Hippiebewegung.

3. Oktober 1969
Willy Brandt wird Bundeskanzler der Bundesrepublik Deutschland. Unter ihm bildet sich eine sozial-liberale Koalition.

Viele Kinder, kaum Verkehr: Wir waren mit klapprigen Gefährten auf holprigen Straßen unterwegs

Selbstverständlichkeit, in ländlichen Regionen passten Omas, Mütter, Geschwister oder Nachbarskinder auf die Jüngeren auf. Weil wenig Verkehr auf den Straßen herrschte, marschierten wir oft schon als Knirpse mit den Schulkindern auf den Spielplatz. Dort saßen nicht etwa die Mütter mit Picknickkörben auf den Bänken, um uns beim Spielen zuzusehen und uns im Falle eines Sturzes zu trösten – für diesen Luxus hatte kaum jemand Zeit. Unsere Eigenständigkeit reichte so weit, dass wir uns auch im Kindergartenalter allein auf den Weg zu Freunden machten. Die Zahl der Unfälle hielt sich trotz alledem in erstaunlich engen Grenzen.

Eine starke Gemeinschaft

Wir waren viele. Das merkten wir schon früh. Wer in einem solch geburtenstarken Jahrgang wie 1964 geboren war, hatte vor allem eines – Spielkameraden. Man musste nur die Tür aufmachen und schon sah man viele Kinder im eigenen Alter draußen spielen. Die meisten von uns waren also alles andere als einsam. Wer halbwegs sicher auf seinem Dreirad oder auf seinem Klapprad mit Stützrädern war, kurvte damit munter auf den Straßen herum. Nach Hause ging man nur, wenn man vor Hunger oder Durst beinahe aus dem Sattel kippte. Oder aber sich wieder einmal die Knie aufgeschlagen hatte, weil man zu schnell über Kopfsteinpflaster und Schlaglöcher geruckelt war. Die erhöhte Sturzgefahr galt vor allem für die Rollschuhe. Die band man sich mit Einmachringen an den Knöcheln fest und schubberte mit ihnen über alle erdenklichen Straßenoberflächen. Wenn die Füße wuchsen und eine neue Schuhgröße erforderlich war, zog man die Rollschuhe in der Mitte ein Stückchen auseinander und schon passten sie wieder. Das war nach dem Geschmack unserer Eltern: Spielzeug, das mitwuchs.

Lieblingsspielzeuge: Kasperletheater, Cowboy-Kostüm und Laufpuppe

Weltenbummler in Bayern

Mitte der 60er fuhren viele Familien zum ersten Mal in den Urlaub. Kinder auf die Rückbank, Gepäck in den Kofferraum und das Zelt auf das Dach – an die ersten Urlaube stellten unsere Eltern wenig Ansprüche in Sachen Komfort. Die ganz Mutigen brausten über den Brenner nach Rimini und machten sich so ein eigenes Bild vom Land, in dem die Zitronen blühen. Die meisten aber gingen die Sache mit dem Ausland eher gemächlich an. Oft waren bayerische Wälder und österreichische Seen die ersten Ziele jener Familien, die das Fernweh auf die Autobahnen trieb. Enge Zimmer ohne fließendes Wasser, knarrende Holzböden, zusätzliche Betten, für die Kinder in die Ecke gezwängt, die nächste Toilette eine Etage tiefer – solche Erfahrungen sorgten für das allererste Feriengefühl. Hohe Berge, verzierte Balkongeländer und der fremde Dialekt der Wirtsleute reichten aus, um sich weit weg von zu Hause und als Weltenbummler zu fühlen. Alpen oder Afrika – für uns Kinder war eines so weit weg wie das andere. Selbst ein paar Heringe, in den Boden von Berchtesgaden oder Borkum geschlagen, sorgten schon für Urlaubsstimmung. Um den Tapetenwechsel perfekt zu machen, reichte ein Campingplatz mit einem einzigen Waschhaus. Geschlafen wurde oft auf Sonnenliegen. Auch Provisorien können glücklich machen. Aber es war ja schon ein Glück, wenn man als Kind überhaupt mitfahren durfte. „Eine weite Reise schadet den Kleinen doch nur – besser ist's, sie bleiben hier", hieß es in vielen Familien. Da konnten dann die Großeltern ihre pädagogischen Qualitäten beweisen und wochenlang den quengeligen, weil zurückgelassenen Nachwuchs betreuen.

4. bis 6. Lebensjahr

Dirndl oder Kleider wie aus Topfkratzern

Ein Kleidungsstück, das viele Stürze und Unfälle überstand und das sowohl
Jungen als auch Mädchen in der Zeit vor ihrer Einschulung trugen, war die
Lederhose. Viele Kinder steckten damals Tag für Tag in einer kurzen Krach-
ledernen mit Latz. Die war robust, roch wie frisch gegerbt, war anfangs brett-
hart und gab erst im Laufe der Zeit widerwillig den Bewegungen nach. Diese
roten, grünen oder grauen Lederhosen mit verziertem Latz waren ungeheuer
praktisch, weil sie quasi unzerstörbar, fleckunempfindlich und dabei dennoch
kleidsam waren. Zumindest in den Augen unserer Eltern.

Ein anderes, längst nicht nur in Alpenregionen verbreitetes Kleidungsstück
war das Dirndl. Weil viele Familien nach Bayern in den Urlaub fuhren, brachten
sie modische Mitbringsel mit: original alpenländische Kleidung. Es galt als
schick, auch in Küstenregionen rosa Puffärmel und weiße Schürzchen zu
tragen. Kurz nach Ostern wanderten die Strumpfhosen in den letzten Schrank-
winkel, ab Ostern war die Kniestrumpf-Saison eröffnet. Dazu Trachtenschuhe
mit einer Enzianblume darauf, und die Mädels sahen alle aus wie Heidi.

Die Alternative zur robusten Lederhose waren kratzende Kleider und Pullover. Allesamt waren sie aus einem kinderfeindlichen Material hergestellt, das
auf der Haut wie ein Topfkratzer scheuerte. Oder das beim Ausziehen so
elektrisch aufgeladen war, dass es Funken schlug. Selbst die Strumpfhosen

jener Jahre waren nur selten aus Baumwolle, sondern stets mit Schurwolle vermischt. Die hielten in der Tat schön warm. Und die Hände in Bewegung – beim Kratzen.

Überhaupt wurde in der Kleiderfrage strikt nach Werktags- und Sonntagskleidung unterschieden. Der Schrank quoll meist über von Kleidern und Hemden, die immer viel zu gut zum Anziehen waren. So wie die schönen Lackschuhe oder der Matrosenanzug. Sachen, die man höchstens dann tragen durfte, wenn man auf einer Hochzeit Blumen streuen sollte. Nach der Hochzeit waren die Füße dann wieder gewachsen und Lackschuhe und Anzug zu klein. Deshalb wanderten die fast ungetragenen Schuhe zusammen mit den fast ungetragenen Sonntagskleidern – sofern wir keine jüngeren Geschwister hatten – in die Kleiderschränke unserer zahlreichen kleineren Cousins und Cousinen oder Nachbarskinder. Denn nichts wurde weggeworfen, alles wurde weitervererbt.

Warm, aber kratzig: Das Fleece war in den 60ern noch nicht erfunden

Gehäkeltes für den Fernseher

Ein Fernseher gehörte zu den spektakulärsten Anschaffungen, die sich eine Familie leistete. Der erste Fernseher erschien uns Kindern als das achte Weltwunder – nur dass es viereckig war und man es anfassen konnte. Der erste Fernseher, der in den 60er-Jahren in viele Wohnzimmer einzog, fand immer einen Ehrenplatz auf Schränkchen und Kommoden. Der „Neckermann Weltblick" war eine beliebte Marke, die Qualität, Spannung und Abenteuer versprach. Nicht selten schmückte ein Deckchen das kostbare Gerät, das immerhin drei Programme ausstrahlte.

Das große Lüften: Der Muff von 1000 Jahren

Der Streit um die Notstandsgesetze, die auch im Frieden die Bürgerrechte einschränken können, eskalierte. An der Universität in Westberlin erhob sich der Protest der Studenten gegen die verkrusteten Hochschulverhältnisse („Unter den Talaren der Muff von 1000 Jahren"). Der Protest der Studenten weitete sich zur außerparlamentarischen Opposition (APO) aus und richtete sich gegen alle Autoritäten in Schule, Elternhaus, Gesellschaft und Staat.

Als beim Besuch von Schah Reza Pahlavi Studenten gegen das Unrechtsregime im Iran protestierten und eine Polizeikugel bei einer Demonstration am 2. Juni 1967 in Westberlin den Studenten Benno Ohnesorg tötete, kam es zur Eskalation der Bewegung, die alle Universitätsstädte erfasste. Brandanschläge gegen das Springer-Verlagshaus und in zwei Frankfurter Kaufhäusern brachen der Gewalt Bahn. Nach einem Attentat auf den Studentenführer Rudi Dutschke am 11. April 1968 erhob sich erneut ein Proteststurm. Die Studentenbewegung verebbte 1969.

Der Terror aber, der mit den Anschlägen auf die Frankfurter Kaufhäuser begann, ging erst richtig los: Um Ulrike Meinhof und Andreas Baader entstand die Rote Armee Fraktion (RAF).

Hauptsache, es qualmt:
Die 60er- und 70er-Jahre waren
eine einzige große Rauchwolke

Das Hobby der 60er: Rauchen

In den 60er- und 70er-Jahren wurde vor allem eins: geraucht. Nicht nur abends oder bei festlicher Gelegenheiten, sondern immer und überall. Man muss sich nur einmal die Serien und Talkshows jener Zeit anschauen. Genauso war es auch bei den Festen und Feiern. Auf den Tischen standen nicht nur kleine Schälchen mit Chips und Nüssen zum Naschen, sondern auch appetitlich angerichtete Schüsselchen voller Zigaretten. Wir Kinder bekamen am Nachmittag vorm Fest abgezähltes Geld in die Hand gedrückt und wurden mit einem Großauftrag zum nächsten Zigarettenautomaten geschickt. Dort zogen wir eine Packung Attika, Ernte 23, Lord und HB. Über die Gefahren des Passivrauchens machte sich damals niemand Gedanken – es rauchten einfach alle aktiv mit.

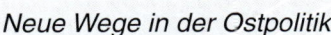

Neue Wege in der Ostpolitik

„Wir wollen mehr Demokratie wagen", sagte Willy Brandt am 28. Oktober 1969 nach seiner Wahl zum Bundeskanzler einer SPD/FDP-Koalition und kündigte ein großes Reformpaket an. Brandt war der erste sozialdemokratische deutsche Kanzler seit 1930. Die CDU/CSU musste nach 20 Jahren auf die Oppositionsbank. Brandt wollte einen neuen Ton im Umgang mit den Nachbarn, auch und vor allem mit denen im Osten. Um den Frieden zu sichern, wollte Brandt das westliche Bündnis stärken, aber auch mit der Sowjetunion und den anderen Staaten des Warschauer Pakts Kontakt aufnehmen. Die sozialliberale Regierung war entschlossen, in der Ostpolitik neue Wege zu gehen. Mit dem Senken des Wahlalters und Studienreformen trug Brandt auch denen Rechnung, die nachhaltig ihren Anspruch auf Mitsprache formuliert hatten. Es war die Zeit der großen Umbrüche. Auf Brandts Nachfolger Helmut Schmidt warteten Herausforderungen wie Ölkrise und Terrorismus.

Holzböcke und Badewasser

Wir lernten, dass es Rituale gab. Die Woche hatte eine klare Struktur, vor allem ihr Ende. Freitags wurde in vielen Haushalten gebacken. Immer und unter jeden Umständen musste am Wochenende ein Blechkuchen auf dem Tisch stehen. Am Samstag wurde – ebenfalls unter allen Umständen – die Straße gekehrt. Dann ging es zum Metzger, um Aufschnitt fürs Abendbrot zu holen. Am Nachmittag wanderte die Familie nach und nach in die Badewanne: Opa zuerst, der war am schnellsten fertig, dann die Oma. Dann kamen die Eltern an die Reihe und das letzte bisschen warme Wasser, das der hohe weiße Bade-ofen in der Ecke noch hergab, war für die Kinder bestimmt. Gerade aber weil das warme Wasser so knapp war, hatte das Konsequenzen. Zum einen war das Vollbad meistens eher ein Halbbad, denn das Wasser stand höchstens zu einem Drittel in der Wanne. Zum anderen saßen alle Kinder zusammen in den Schaumwolken. Uns Kinder gleichzeitig einzuweichen sparte Zeit – und Wasser. Vor dem Bad wurden wir im Sommer auf Parasiten untersucht. Damals hießen die Zecken noch Holzböcke. Die saßen meist fest in unseren Achsel-höhlen und Kniekehlen verbissen und wir jammerten, wenn sie erst mit Spei-seöl ersäuft und dann, zwischen Daumen und Zeigefinger eingeklemmt, aus uns herausgedreht wurden.

Hauptsache nass: die Wäschewanne als Mini-Pool

Stillhalte-Limonade und der Spaziergang danach

Auch der Sonntag unterlag einer Art Ritual. Das hatte schon begonnen, wenn man aufstand: Das ganze Haus roch ab dem Morgengrauen nach Braten. E n Sonntag ohne Berge von Fleisch war undenkbar. Die Mütter standen den ganzen Vormittag am Herd, die Väter zog es in die Kneipe ums Eck zum Frühschoppen. Es war eher die Ausnahme, wenn man mit ins verräucherte Lokal durfte. Wer nörgelte, wurde heimgeschickt. Also quengelte man nicht, sondern trank genüsslich die Flasche Florida-Boy oder Sinalco, die als Still-halte-Getränk spendiert wurde. Sonntagvormittags in der Kneipe ums Eck dabei sein zu dürfen, bedeutete schon beinahe groß zu sein. Pünktlich zum Braten waren Vater und Kind wieder daheim.

Nach dem Essen war an Spielen drinnen oder Fernsehen nicht zu denken: Wir mussten raus an die frische Luft. Als wären wir nicht schon die ganze Woche über dort gewesen.

Mythos Woodstock

Vom 15. bis 17. August 1969 fand in Woodstock (Staat New York) das bislang größte Musikfestival statt. Mehr als 400 000 Menschen reisten zum Konzertmarathon für Frieden und Liebe an. Weil Wege und Straßen von Besuchern verstopft waren, mussten Musiker und Lebensmittel eingeflogen werden. Die Organisatoren waren auf den Massenandrang nicht vorbereitet, es entstand das blanke Chaos. Eskalationen aber blieben aus, das Festival wurde zu einer riesigen Demonstration gegen Krieg und Hass. 32 Bands und Interpreten traten auf, unter anderen Joan Baez, Arlo Guthrie, Jimi Hendrix, The Who, Jefferson Airplane und Crosby, Stills, Nash & Young. Für Joe Cocker und Santana war der Auftritt in Woodstock der Beginn ihrer Karriere. Am vehementesten drückte der Gitarrist Jimi Hendrix seinen Protest gegen die US-Politik und den Vietnamkrieg aus, als er mit „Star-Sprangled Banner" die amerikanische Nationalhymne bis zur Unkenntlichkeit verzerrte.

Woodstock wurde zum Mythos und Höhepunkt der Flower-Power-Bewegung.

Daktari gegen Fußball: 1:1

Unglücklicherweise lief die für die Erwachsenen wichtigste Sendung parallel zu jenen Serien, die den Takt von Kinderherzen massiv beschleunigte. Während die ARD seit 1961 jeden Samstag ab 18 Uhr die Sportschau ausstrahlte, alberten Affe Cheetah und Löwe Clarence durchs zweite Programm. Viele Familien fanden für die Konflikte zwischen jungen und alten Fernsehzuschauern friedliche Lösungen. Um in aller Ruhe Fußball sehen zu können, trafen sich die Männer vor dem einen Fernseher, während die Kinder zu Nachbarn vor den anderen Bildschirm geschickt wurden. Samstags um Viertel vor sechs zogen kleine Grüppchen durch den Ort. Die einen allesamt Männer auf dem

Weg zur nächsten Glotze, die die Bundesliga im Schwarz-Weiß-Bild zeigte. Das andere Trüppchen waren Kinder in Frotteeschlafanzügen. Ihr Ziel: Ein nachbarliches Wohnzimmer, in dem der Fernseher statt Uwe Seeler und Franz Beckenbauer schielende Löwen in „Daktari" und langohrige Astronauten im „Raumschiff Enterprise" zeigte. Bei Wurstbrötchen und Limonade herrschte an der Kinderfernsehfront eine Stunde lang ehrfürchtige Stille, bis der Heimweg angetreten wurde – der meist direkt ins Bett führte.

Alles Geschmackssache: Limonaden standen oben auf der Durstliste

Leckerer Luxus

Tri Top hieß die Lösung gegen den Durst. Der pappsüße Sirup mit Fruchtgeschmack aus dem Labor wurde mit Wasser vermischt und machte Kinder glücklich. Je weniger Wasser, desto künstlicher schmeckte das Getränk, das es leider nicht in allen Familien gab. Es empfahl sich also, seine Freunde so zu wählen, dass man an deren Tischen etwas zu essen oder zu trinken bekam, das im eigenen Haus nur an hohen Feiertagen serviert wurde. Die künstlichste aller künstlichen Geschmacksrichtungen war Waldmeister. Ebenfalls ein echter Spaß auf der Zunge war die Ahoi-Brause. Die maritimen Päckchen mit dem Seemann vorne drauf boten viele Geschmacksrichtungen – und leuchtend grüne oder rote Zungen, wenn die Brause fertig geprickelt hatte. Wenn es aber etwas besonders Leckeres gab, dann war das Afri-Cola. 1931 vom Kölner Limonadenhersteller Karl Flach auf den Markt gebracht, erlebte sie ab 1968 einen ungeheuren Aufschwung. Wer sich wegen des Vietnam-Krieges von den USA distanzieren wollte, griff auf die deutsche Alternative zu Coca-Cola zurück. Afri-Cola als Ausdruck des Protests gegen den Krieg in Südostasien zu trinken, wäre uns als Kinder nicht eingefallen. Wir tranken sie, wann immer wir sie bekamen, weil sie uns schmeckte und der Name so exotisch klang. Genauso exotisch und damit fast noch kostbarer waren jene Tafeln Schokolade, auf denen der Sarotti-Mohr stolzen Ganges einherschritt. Solches Naschzeug war Luxus. Purer Luxus.

Pauken und Pausen, Persico und Partypilze

Wir waren viele: Wo wir hinkamen, wurde es eng. Auch in den Grundschulen

Viermal Claudia, dreimal Thomas

Wo die 64er waren, wurde es eng: Das merkten wir in der Grundschule nicht zum ersten Mal. Schon im Kindergarten waren die Gruppen voll gewesen. In den Klassenzimmern sah es nicht anders aus, dort drängten sich meist 40 Kinder, die Cordhosen, gesmokte Blusen und gehäkelte Pullunder trugen. Die alten Schulen waren dem neuen Ansturm des geburtenstarken Jahrgangs nicht gewachsen, in Windeseile wurden Gebäude mit viel Waschbeton und wenig Charme hochgezogen. Am Ende des Sommers 1970 bekamen wir eine

Chronik

10. April 1970
Die Beatles geben ihre Trennung bekannt.

7. Dezember 1970
Willy Brandt kniet bei einem Besuch in Warschau vor dem Mahnmal der Opfer des Warschauer Ghettos nieder. Der „Kniefall von Warschau" symbolisiert die bundesdeutschen Bemühungen um Aussöhnung mit dem Nachbarland Polen.

3. Mai 1971
In der DDR endet eine Ära: Erich Honecker löst Walter Ulbricht als Ersten Sekretär der SED ab.

6. November 1971
Die neue Umweltorganisation Greenpeace macht mit ihrem ersten Protest gegen Atomtests von sich reden.

10. Dezember 1971
Willy Brandt erhält den Friedensnobelpreis.

9. Juni 1972
Das Wahlalter in der Bundesrepublik wird von 21 auf 18 Jahre gesenkt.

23. Juni 1972
Der Wehrdienst in der BRD wird von 18 auf 15 Monate verkürzt.

5. September 1972
Ein Anschlag palästinensischer Terroristen auf die israelische Olympiamannschaft überschattet die Olympischen Spiele in München. 15 Personen kommen dabei ums Leben.

8. Januar 1973
Premiere für Ernie und Bert: ARD und 3. Programm strahlen zum ersten Mal die „Sesamstraße" aus.

3. Februar 1973
Das „Aktuelle Sportsudio" wird erstmals von einer Frau, der Journalistin Carmen Thomas, moderiert.

25. November 1973
Aufgrund der Ölkrise gibt es den ersten autofreien Sonntag. Auch an zwei weiteren Sonntagen im Dezember müssen Bundesbürger aufs Auto verzichten.

Zuckertüte in den Arm gedrückt und einen Platz in einer Schulbank zugeteilt. Die Lehrer, die frisch von der Uni kamen, hatten zwei Jahre zuvor noch der Studentenbewegung angehört, waren 68er, und wollten an uns alles richtig, wenn nicht sogar besser machen.

So verschieden die Lehrer waren, so gleich waren die Vornamen der Schüler. Claudia Cardinale hatte 1963 mit Viscontis Film „Der Leopard" dafür gesorgt, dass viele Mädchen Claudia hießen. Die Jungs hießen fast alle Thomas. Und wenn sie nicht Thomas hießen, dann Michael, Stefan, Andreas oder Uwe. Uwe Seeler, Fußballer des Jahres 1960, 1964 und 1970, hinterließ wie die Cardinale seine Spuren in unserer Generation – zumindest, was die Namensgebung betrifft.

Der Albtraum hieß Fernsehverbot

Der Fernseher veränderte die Welt von uns Kindern in jeder Hinsicht. Wenn Timmy mit Lassie über die Wiesen tobte, Sandy mit dem Delfin Flipper durchs Meer schwamm oder Skippy, das Buschkänguru, Leben rettete, blieb einem vor Aufregung die Spucke weg. Ans Spielen draußen war dann nicht mehr zu denken, es war geradezu

unerträglich langweilig angesichts all der Abenteuer, die sich auf der Mattscheibe abspielten. Der Fernseher besaß eine unwiderstehliche Anziehungskraft. Und er bot den Erwachsenen auch ganz neue Möglichkeiten, uns zu bestrafen. Je nach der Schwere des Vergehens setzte es tage- oder gar wochenweise Fernsehverbot. Ein Albtraum für jedes Kind, das gerade die Filmwelt entdeckte – wenn auch zunächst nur in Mono und Schwarz-Weiß.

Selbst die Werbespots hatten es in sich. Da gab es solche Figuren wie das cholerische HB-Männchen, das bei jedem noch so geringfügigen Anlass in die Luft ging – und doch schnell wieder mit einer Zigarette auf den Boden der Tatsachen geholt werden konnte. „Halt mein Freund: Greife lieber zur HB. Dann geht alles wie von selbst", verkündete die Stimme, die das aufgeregte Sucht-Männchen beruhigte. Einen wahren Ausbund an Gemütlichkeit und Gesundheitsbewusstsein machte auch eine Zigarette der Marke Overstolz aus den Menschen: „Ich rauche Overstolz, weil sie mir gut bekommt", verkündete der Overstolz-Werbemann. Wir sahen, hörten und lernten damals, dass Rauchen gut und richtig war. Aber Werbung hatte auch Konsequenzen: Da gab es Kinder im Fernsehen, die glücklich zur Mutter sahen, wenn die die Multi-Sanostol-Flasche aus dem Küchenschrank holte. Diese Werbung sahen leider auch unsere Mütter. Deshalb mussten viele 64er ständig Multi-Sanostol trinken, um groß und stark zu werden. Doch was sollen wir klagen, wenigstens Lebertran blieb uns damit erspart.

Wir waren die ersten Fernbedienungen

Anfang der 70er-Jahre setzte eine Revolution des (Fern-)Sehens ein: Es gab Farbfernseher. Schluss mit den Zeiten, in denen Franz Beckenbauer und Günther Netzer über mausgrauen Rasen stürmten. Wenn sich die Bundesliga am Samstag auf dem Rasen traf, war das ganze Wohnzimmer in grünes Licht getaucht. War es schon schwer gewesen, uns vom Schwarz-Weiß-Fernseher zu lösen, klebten wir jetzt förmlich an der neuen bunten Variante.

Plötzlich tauchten in Häusern, in denen mehrere Generationen miteinander lebten, auch Zweitgeräte auf. Großeltern schauten im einen, Eltern im anderen Zimmer Fernsehen. Für die Kinder bedeutete das die Qual der Wahl – oder aber auch die erste Möglichkeit zum Zappen durch zumindest zwei Programme,

indem man die Zimmer wechselte. Bewegung gehörte eh zum Fernsehen dazu: Wollte man das Programm oder die Lautstärke verändern, musste man aufstehen und zum Apparat gehen. Meist wurden wir Kinder quer durch den Raum gejagt: „Mach mal lauter" oder „Schalt mal um" lauteten die Befehle, die wir zigmal am Abend erhielten und murrend ausführten. Wir waren damit die ersten Fernbedienungen.

Klappräder und andere klapprige Kisten

Das größte Ereignis der meisten Kinder war das unbändige Glücksgefühl, wenn man zum ersten Mal mit seinem Rad ohne Stützräder unterwegs war. Anfang der 70er-Jahre bekamen dann fast alle Jungen ein Bonanzarad geschenkt. Das war ein merkwürdig niedriges Vehikel, das hauptsächlich aus einem lang gestreckten Sattel und einer hohen Rücklehne bestand. Für die Mädchen gab es eine andere seltsame Variante des Zweirads: ein Klapprad. Die gab es meist in Rot und in Orange, die wenigen Jungs, die eines hatten, besaßen ein weißes. Klappräder waren gut, wenn man sie zusammenklappen und im Auto transportieren wollte. Da aber kein Mensch ein Fahrrad transportieren wollte und schon gar nicht alle Klappräder einer Familie in einen Kofferraum gepasst hätten, war das Ganze eigentlich völlig überflüssig. Es sei denn, man wollte als Kind auch eine andere Art des Sturzes erleben, als man ihn auf herkömmlichen Fahrrädern hatte. Klappräder, deren Verbindungsschrauben gerne mal ein wenig nachgaben, machten nicht selten in Kurven ihrem Namen alle Ehre: Sie klappten auch während der Fahrt zusammen. Das sorgte für aufgeschlagene Knie und für viel Spott der Jungs, die gemächlich auf ihren Bonanzarädern, die niemals zusammenklappten, durch die Gegend gondelten.

Jimi Hendrix

„Live fast, die young"

„Lebe schnell, stirb jung" lautete das Motto der Sängerin Janis Joplin. Sie starb am 5. Oktober 1970 im Alter von 27 Jahren in Los Angeles an einer Überdosis. Nur zwei Wochen zuvor war der Gitarrist und Sänger Jimi Hendrix gestorben – auch er wurde nur 27 Jahre alt. Am 7. März 1971 starb Doors-Sänger Jim Morrison in Paris – ebenfalls mit 27. In allen Todesfällen spielte Rauschgift eine Rolle. Joplin, Hendrix und Morrison wurden zu den kulturellen Ikonen ihrer Zeit.

Fachwerk und die Abriss-Birnen

So, wie plötzlich das Schwarz-Weiß-Fernsehen aus der Mode gekommen war, galten Ende der 60er, Anfang der 70er viele Dinge plötzlich als alt und unmodern. Die Sehnsucht nach Neuem, Praktischem, Überschaubarem, wenn möglich auch Abwaschbarem, beutelte die Menschen. Verwinkelte Fachwerkhäuser mit niedrigen, aber gut heizbaren Zimmern bekamen den Stempel „alt und unpraktisch" aufgedrückt. In vielen Dörfern und Städten rückten die Abrissbirnen an. Kunstvolle Fachwerkhäuser wichen gesichtslosen viereckigen Kästen ohne jeden Charme und jede Anmut, die Zier musste der Funktion weichen. Der Inbegriff des architektonischen Luxus war für viele Bauherren ein Bungalow. Allein das Wort verhieß für uns Kinder Glückseligkeit, klang es doch fremd, schick und schön. Wer in einem solchen Haus mit riesigen Panoramascheiben lebte, musste einfach ein glücklicher Mensch sein.

Einkaufen leicht gemacht

Nicht nur das Wohnen, auch das Einkaufen erhielt immer größere Bedeutung.
In kleineren Gemeinden gab es einen Lebensmittelmarkt, Metzger, Bäcker,
Schuster und Elektriker. Als Kinder hatten wir ständig kleine Aufträge zu
erledigen, holten h er Butter, besorgten dort ein Pfund Hackfleisch. Zweimal im
Jahr fuhr die gesamte Familie zum Einkleiden in die nächstgrößere Stadt. Eltern
und Kinder kehrten am Abend zwar hoch bepackt mit Tüten und Taschen,
aber doch völlig erschöpft nach Hause zurück. Da war das Einkaufen im Ort
wesentlich entspannter. Wenn man die Bäckersfrau in den Wahnsinn treiben
wollte, musste man nur mit einem 50-Pfennig-Stück in der Faust stundenlang
vor der Theke rumlungern und schließlich eine stockende Bestellung aufgeben.
Für fünf Pfennig Gummitaler, für zehn Pfennig Lakritzschnecken, für 20 Pfennig
Kirschlutscher: Der Besitzer des Lebensmittelmarktes tat so, als besäße er
Nerven aus Stahl und füllte geduldig und schweigsam das Papiertütchen mit
Gummisalat, sauren Zungen, Schokoladen- und Kaugummizigaretten. Im
Idealfall. Meist musste man sich ranhalten mit der Auswahl, sonst gab es einen
Rüffel für die zeitintensive, aber wenig gewinnbringende Order.
　　Spannend wurde es auch, wenn fliegende Händler an der Tür klingelten.
Es gab viele freie Handelsvertreter, die einen kleinen Lieferwagen bis hinter die
Sonnenblende ihres Kleinbusses voll mit Kleidungsstücken packten und damit
über die Orte zogen. Diese reisenden Händler hatten in ihren Fahrzeugen
alles, was man sich vorstellen konnte. Vom hautfarbenen Büstenhalter über
schwarze Trauerkleidung bis hin zur grellbunten Bettwäsche zauberten sie
herbei, was gewünscht wurde. Zielsicher zogen sie knapp überm Ersatzrad
den knallig gemusterten Rock hervor, in dem sich die Frauen zu Hause vorm
eigenen Spiegel drehten. Oder gleich hinterm Reserverad den Schlafanzug,
den der Vater brauchte, der aber nie im Leben selbst auf die Idee gekommen
wäre, ihn sich selbst zu kaufen. Muttern kleidete die Familie ein. Es wurde ange-
zogen, was in den Schrank kam. Ob es kratzte oder Funken schlug, war egal.

Gestiefelter Salamander: Um
Lurchis Abenteuer zu bekommen,
probierten wir gerne Schuhe an

Lurchi und die Druckstellen

Am allerschönsten für uns Kinder war der Kauf von
Schuhen. Im Schuh-Fachgeschäft musste man sich
nicht ständig an- und ausziehen und in viel zu kleine
fusselnde Pullover quetschen, sondern man saß
bequem auf einem Stuhl, während die Verkäuferin mit
einem lustigen bunten Brett die Füße vermaß. Dann
verschwand sie hinter einem Vorhang und erschien
mit einem hohen Stapel von Schachteln wieder. Wir
ließen geduldig die Prozedur über uns ergehen, denn
wir kannten die Belohnung. Wenn man lange genug im Laden auf und ab
gelaufen war und 30-mal versichert hatte, dass die neuen Winterschuhe
wirklich und ehrlich nirgends drückten, dann gab es die neuen Schuhe im
Karton – und dazu ein Lurchi-Heft. Salamander-Schuhe waren allein wegen
Lurchi ein echter Hit. Die Abenteuer des gelb-schwarz gemusterten Molchs in
Stiefeln und seiner gut beschuhten Freundestruppe waren begehrt und beliebt.
Die Geschichten von Lurchi und seinen Freunden füllten viele Bände, die alle
aufgereiht in Regalen hinter der Kasse standen. Der Beruf des Schuhverkäu-
fers war bei Kindern ein sehr angesehener. Wer stapelweise Lurchi-Bücher
unterm Ladentisch hatte, musste ein guter Mensch sein. Zwangsläufig.

Überfall auf Olympisches Dorf in München

*Heitere Spiele sollten die Olympischen
Spiele von München werden, aber sie
gingen als Spiele des Terrors in die
Geschichte ein. Am Morgen des 5. September 1972 überfielen arabische
Freischärler das Quartier der israelischen
Olympiamannschaft in München. Um
ihren Forderungen nach Freilassung
arabischer Häftlinge aus israelischen
Gefängnissen Nachdruck zu verleihen,
erschossen sie zwei Sportler sofort und
nahmen die übrige Mannschaft als Geisel.*

*Israel lehnte die Forderungen ab. Die
deutsche Regierung stellte den arabischen Terroristen einen Hubschrauber zur
Verfügung. Als sie ihn besteigen wollten,
eröffneten Scharfschützen der Polizei das
Feuer und versuchten den Hubschrauber
zu stürmen. Bei dem Schusswechsel
starben fünf der Terroristen, ein Polizist
und alle neun israelischen Geiseln. Nach
einer großen Trauerfeier wurden die
Olympischen Spiele auf Beschluss des
IOC dennoch fortgesetzt.*

Grundschule: Pauken und Pausen

Den gereimten Geschichten der Lurchi-Bücher kamen wir erst richtig auf die Spur, als wir uns im zweiten Schuljahr durch ihre Schreibschrift stammelten. Wir hatten das komplette erste Schuljahr damit verbracht, die hintere Seite von alten Tapetenrollen mit Wachsmalstiften zu bekritzeln. Über Wochen hinweg malten wir meterweise große N, hundert kleine m, ungezählte große W. Danach konnten wir tatsächlich lesen und schreiben.

Der Unterrichtsplan der Grundschule sah auch so praktische Dinge wie Handarbeiten vor. Wir webten grellbunte Taschen, strickten unförmige Teddys, häkelten schrille Topflappen mit dem gleichen Elan, mit dem wir in der Lese-fibel das b vom p zu unterscheiden lernten. Jungs und Mädchen werkelten zusammen mit der Laubsäge und bewarfen sich gegenseitig mit Mehl.

Das Beste an der Schule aber waren die Pausen. Die Mädchen bildeten in Sekundenschnelle Dreiergruppen, von denen zwei sich ein altes, ausgeleiertes Gummiband um die Knöchel wickelten und die Dritte lustige Figuren hüpfte. Gummitwist boomte. Wer seine Sprünge nicht fehlerfrei absolvierte, musste sein Solo abbrechen und selbst – je nach Schwierigkeitsgrad – mit Gummi-band um Knöchel, Knie oder Hüfte die Pausen durchstehen. Aber auch bei Spielen wie Himmel und Hölle, bei dem wir die Asphaltflächen in kleine Käst-chen aufteilten, bei „Fischer, Fischer, wie tief ist das Wasser" oder „Dornrös-chen war ein schönes Kind" gingen die Pausen atemberaubend schnell vorbei. Für echte Jungs gab es aber nur einen einzigen wahren Zeitvertreib: Fußball. Mitspielen durfte nur, wer gut war. Die Aufstellung erfolgte erbarmungslos nach diesem Prinzip. Wer kaum den Ball und schon gar nicht das Tor traf, musste eben zuschauen. Das galt auch beim Völker- und Brennball. Memmen muss-ten draußen bleiben.

7. bis 10. Lebensjahr

Ohne Öl geht nichts

Die Araber drehten im Oktober 1973 den Ölhahn zu. Die arabische Welt hatte ihre stärkste Waffe im Kampf gegen Israel entdeckt. Weil die westlichen Staaten Israel im Jom-Kippur-Krieg unterstützten, drosselte die OPEC ihre Produktion um ein Viertel. Drastisch erhöhte Rohölpreise stürzten die Welt in eine Wirtschaftskrise. Die Araber stellten die Öl-Lieferungen nach Amerika und den größten europäischen Hafen, Rotterdam, sogar völlig ein. In Europa wurden Sonntagsfahrverbote verhängt, an manchen Tankstellen wurde das Benzin knapp, es kam zu Hamsterkäufen und langen Warteschlangen. Erst als der Irak am 18. November das Lieferembargo durchbrach, entspannte sich die Lage wieder etwas. Die arabischen Staaten kündigten an, auch weiterhin von der Erdölwaffe Gebrauch zu machen, falls der Westen Israel weiter unterstützte. Insgesamt stieg der Ölpreis weltweit um 400 Prozent.

Partypilze und Persico

Die Partys, die unsere Eltern in den 70ern feierten, hatten ihren ganz eigenen Charme. Als Kind hätte man viel dafür gegeben, dabei sein zu dürfen, wenn der Partypilz auf den Tisch kam. Im Plastikmodell eines überdimensionalen Fliegenpilzes steckten Spieße mit je einer Traube, einem Mandarinenschnitz und einem Stück Käse. Kurz bevor die Gäste kamen, wurden die Kinder in die Betten gejagt und die Bowle aus dem Keller geholt. In einer bauchigen Schüssel, aus hauchdünnem Glas gefertigt, schwammen Früchte in Alkohol. Ein wenig süßer Sekt, viel lieblicher Wein, Erdbeeren aus dem Garten oder Pfirsiche aus der Dose und fertig war das Lieblingsgetränk der 70er-Jahre. Der Partykeller – gern mit Fototapeten von südlichen Stränden versehen – galt als Kultur der Geselligkeit. Aber schon bald stellten unsere Eltern fest, dass es viel zu anstrengend war, alle für die Party benötigten Utensilien nach unten zu schaffen und wieder nach oben zu räumen.

Eine Bowleschüssel stand bei jeder Feier auf dem Tisch

Für Kindergeburtstage war der neue Raum, der schneller als gedacht in unsere Hände fiel, allerdings ideal. Wir konnten am Geburtstag ordentlich Krach machen und gleichzeitig d e Schwarzwälder Kirschtorte unter Palmen anschneiden.

Zusammen geht's schneller: Handarbeit ersetzte die Geschirrspülmaschine

Nicht nur sauber, sondern rein

Waren die 60er-Jahre schon sauber, waren die 70er rein. Der Waschdrang war ungebrochen, es gab wahnwitzig viele Waschmittel, Putzmittel, Seifen. Alles, was rubbelte und schrubbelte, war hoch angesehen. Wir Kinder summten tagelang die Melodie des Werbeslogans „Nur das Beste von Persil", knibbelten fürs Leben gerne die Prilblumen von den Spülmittelflaschen und pappten sie rund um die Spüle, bis auf jeder Fliese eine grellbunte Blume prangte. Wir konnten uns nicht sattsehen an der kompetenten Klementine, die mehr ein echter Kerl als eine besonnene Hausfrau war. Die patente Dame im weißen Overall lehnte an der Waschmaschine und gab Tipps für die Pflege der Garderobe.

Die Liebe zu allem, was schäumte, zeigte sich noch in einem anderen Werbespot: Zwei Damen kommen in einem Hinterstübchen zu einem konsp rativen Treffen zusammen. Die eine gesteht der resoluten Tilly, dass sie schrecklich raue Hände hat. Tilly macht kein langes Federlesen: Sie badet die Hand der anderen in einem Näpfchen mit Spülmittel und erzählt, wie butterweich Palmolive die rauen Hausfrauenfinger macht. Ein anderer witziger Werbespot: Wehe, man hatte den Weichspüler vergessen. Dann bekam man es mit seinem eigenen Lenor-Gewissen zu tun. Das rückte einem als blasser Zwilling auf die Pelle und überhäufte einen mit schweren Vorwürfen. Wurde aber schon die Wäsche nicht ganz weiß, dann doch wenigstens die Zähne. „Strahlerküsse schmecken bäähääser, Strahlerküsse schmähäcken gut", hämmerte uns die Melodie einer Werbung ein. An Küsse war noch nicht zu denken, aber wir wussten jetzt, dass wir von Kopf bis Fuß sauber sein mussten. Der Wille war da, doch die Aufgabe groß.

Frottee und das Umziehen auf einem Bein

Der größtmögliche gemeinsame Spaß bestand in einem Ausflug ins Hallen-
oder Freibad. Bis der ganze Krempel, den eine Familie für den Schwimmbad-
besuch brauchte, zusammengesucht war, dauerte es ewig. Neben grellbunten
Badetüchern und großblumigen Badeanzügen mussten ja auch Badekappen
mit. Die Mütter trugen gerne solche Modelle, auf denen ganze Plastikblumen-
felder Platz fanden. Da standen dann vom mütterlichen Kopf quietschorange
und grellrosa Plastikverzierungen in alle Richtungen ab. Das hatte den Vorteil,
dass man die Sippe im Schwimmbecken nicht aus den Augen verlieren konnte.
Die Väter trugen sportliche Modelle, weiß mit einem blauen Streifen in der
Mitte, die Kinder hatten eher die schlichte Noppenkappe auf dem Kopf. Das
größte und im Nachhinein zweifelhafteste Stück in den kühlschrankgroßen
Strandtaschen waren die selbst gefertigten Umkleidekabinen. Meterweise
Frotteestoff wurde zusammengenäht, in der Mitte jedoch ein Loch für den Kopf
gelassen. Diese Art blickdichtes Moskitonetz streifte man sich über, um sich
– mit viel Frottee vor neugierigen Blicken geschützt – umständlich die nasse

Badekleidung aus- und die tro-
ckene anzuziehen. Meist war das
mit so viel Hüpferei auf einem Bein,
Geschrei und Umstand verbunden,
dass jeder wusste, dass man jetzt
gerade die Kleidung wechselte.
Die Brötchen mit einem zermatsch-
ten Schaumkuss darin stellten den
wahren Höhepunkt eines schönen
Nachmittages dar.

Glücklich im Urlaub: Bikini,
Socken und Schlappen

Tupperware und
die sprechende Puppe

Wir waren endlich groß genug,
um Weihnachten richtig zu
genießen. Die Tage zuvor waren stressig, es musste eingekauft, gebacken,
gekocht, gebraten, der Baum geholt, die Geschenke verpackt werden. Die
Baumfrage wurde meist lautstark diskutiert: Der Vater hatte ihn geholt, der
Mutter war er zu klein, zu groß, zu schief, zu ungleichmäßig gewachsen. Uns
war es egal, wir warfen liebevoll Lametta über die Zweige, hängten ohne
System Kugeln dran und waren nervös. Weihnachten gab's unglaublich tolle
Sachen. Puppen, die laufen konnten und winzige Schallplatten im Rücken
trugen, damit sie „Ich habe Hunger" sagen konnten. Carrera-Bahnen, für deren
steile Kurven man viel Geschick brauchte, wenn das Auto nicht sofort von der
Strecke fliegen sollte. Beliebt auch die Fischertechnik-Kästen, Matchbox- und
Viking-Autos, der Kosmos-Experimentierkasten und Lego-Bausätze.

Für Mütter gab es in den 70er-Jahren Tupperware oder auch einen Schnell-
kochtopf als praktisches Geschenk. Tupper galt als Gipfel der Moderne: Von
der unspektakulären Schüssel über den Apfelsinenschäler – eine Art Häkelna-
del, mit der man die Frucht blitzschnell nackig machen konnte – bis zum
Speiseeisförmchen war einfach alles drin. Letzteres war ein wagemutiger
Versuch, Geld zu sparen und uns von den Langnese-Truhen fernzuhalten.
Dass ein Dolomiti aus der Eistruhe vom Kiosk viel besser schmeckte, hätten wir
schon unterm Weihnachtsbaum prophezeien können.

Die Leidtragenden eines Weihnachtsfestes waren die Väter und Großväter.
Ihr Los war es, den Baum 'ranzuschleppen und Vorwürfe zu kassieren, um
dann jedes Jahr Pitralon, Tabak Original, Strümpfe, Unterhosen und Krawatten
geschenkt zu bekommen. Uns Kindern war das gleich. Wenn endlich das
Glöckchen als Zeichen für die Bescherung geklingelt hatte und die
Geschenke, die wannenweise unterm Baum standen, freigegeben waren, war
das Leben so schön wie das ganze Jahr über nicht.

Discozeit:
Spot an für
den Richter

Auch Pferdebücher standen bei
den Mädchen hoch im Kurs

Freunde und Indianer:
Abenteuer Lesen

Wer seine Wunden vom letzten Fahrradsturz
pflegen musste oder schlicht Fernsehverbot
hatte, konnte sich bei Jugendliteratur entspannen. Kein Haushalt mit Kindern,
in dem sich nicht meterweise die Schneiderbücher aneinanderreihten. Die
boten spannende Unterhaltung auf politisch völlig korrektem Niveau. „Hanni
und Nanni", „Dolly im Internat", „Spuk auf Burg Schreckenstein", „Fünf Freunde
geraten in Not": Bei solcher Spannung wuchs der Spaß am Lesen von ganz
alleine. Natürlich gab es auch Pippi Langstrumpf, Robin Hood und lange
Regalreihen voller Karl-May-Bücher. Den Grundstock für die Kinder- und
Jugendliteratur aber legte neben Astrid Lindgren die 1897 geborene Schrift-

Chronik

24. April/6. Mai 1974
Willy Brandts persönlicher Referent Günter Guillaume wird als DDR-Spitzel enttarnt. Brandt tritt am 6. Mai als Kanzler zurück.

16. Mai 1974
Der Deutsche Bundestag wählt den bisherigen Finanzminister Helmut Schmidt zum neuen Bundeskanzler.

7. Juli 1974
Deutschland wird mit einem 2:1-Sieg über die Niederlande Fußball-Weltmeister.

1. Januar 1975
Die Volljährigkeit wird in Deutschland von 21 auf 18 Jahre gesenkt.

Januar 1975
Der erste Personal Computer kommt auf den Markt: Der Altair 8080 wird zum Wegbereiter des Heimcomputers. Im gleichen Jahr gründen Bill Gates und Paul Allen die Firma Microsoft.

22. November 1975
Juan Carlos I. wird König. Spanien kehrt nach 44 Jahren Diktatur zur Monarchie zurück.

1. Januar 1976
In Deutschland wird die Gurtpflicht eingeführt.

23. April 1976
In Ostberlin wird der Palast der Republik eröffnet.

9. September 1976
Biene Maja summt zum ersten Mal durchs Fernsehen.

14. Dezember 1976
Der Industriellensohn Richard Oetker wird entführt. Das Lösegeld beträgt 21 Millionen Mark. Als der Entführer aus der Haft freikommt, hat er nichts davon: Die 1000-Mark-Scheine sind ungültig geworden.

18. Oktober 1977
Die RAF-Terroristen Andreas Baader, Gudrun Ensslin und Jan-Carl Raspe begehen in ihren Gefängniszellen Selbstmord.

19. Oktober 1977
Nach sechs Wochen wird der von der RAF entführte Arbeitgeberpräsident Hanns-Martin Schleyer im französischen Mulhouse im Kofferraum eines Autos tot aufgefunden.

stellerin Enid Blyton, deren Geschichten von glücklichen Schülern in schönen Internaten mit verständnisvollen Lehrern und vielen Freunden die eigene, oft schwierige Welt infrage stellten. Die blendete aber auch Karl May in seiner Welt voller Helden und Abenteuer völlig aus. Jungs, die einmal Spaß am Lesen und am Indianerleben gefunden und den „Schatz im Silbersee" entdeckt hatten, waren auf Monate für alle gemeinsamen Spiele draußen verloren.

Drei Programme und echte Helden

Die Jungs von der Shiloh Ranch, die Söhne von Ben Cartwright auf der Ponderosa Ranch – all diese Helden machten uns vor Begeisterung sprachlos. Noch heute können die meisten von uns die Titelmelodien dieser Serien pfeifen oder summen. Wir kannten zwar nur drei Programme, aber dafür echte Fernsehhelden. Wim Thoelke, Hans-Joachim Kulenkampff, Hans Rosenthal und sogar Eduard Zimmermann waren mehr als nur Moderatoren, sie waren die Therapeuten der ersten Generation. Sie machten aus Menschen, die sich noch eine halbe Stunde vor Sendungsbeginn gestritten hatten, eine einträchtige Fernsehfamilie. Rudi Carrell und

Beliebte Fernsehserien: Ob „Bonanza",
„Daktari", „Raumschiff Enterprise" oder
„Lassie" – wir erkennen noch heute die
Titelmelodien

Straßenfeger: Hans-Joachim Kulenkampff
war ein beliebter Showmaster

sein laufendes Band waren die
ersten Gedächtnistrainer, Joachim
Fuchsbergers Sendungen waren
Straßenfeger. Als Kinder liebten wir Heinz Schenk genauso wie unsere Eltern
und Großeltern, wir kannten die Texte von Tony Marshall und Roberto Blanco
ebenso auswendig wie die schunkelnden Erwachsenen. Wenn Fernsehhund
Wum aus Wim Thoelkes Show sang, dass er sich eine kleine Miezekatze für
sein Wochenendhaus wünschte, wussten wir, wie die zweite Strophe von
Wums Gesang lautete. Als Jugendlicher hat man sich später meist dafür
geschämt, derart textfest gewesen zu sein, aber das Fernsehen verband und
schuf Gemeinsamkeit. Zunächst einmal.

Michael Holm und der Kassettenrekorder

Der Fernseher brachte nicht nur bunte Bilder, sondern auch laute Töne mit
sich. Wenn Dieter Thomas Heck samstagabends die deutsche Hitparade
moderierte, erwachte in vielen Heranwachsenden ein unbändiger Wille zur
Dokumentation. Viele hatten einfache Kassettenrekorder, auf denen sie ihre
Lieblingslieder dudelten. Manche Geräte waren von oben, andere von vorne

An Geburtstagen kam die ganze Familie zusammen

zu laden. Es entbrannten hitzige Diskussionen darüber, welche Bedienungsart die vorteilhaftere sei. Wenn man am Samstag aber die Hitparade auf eine frisch gekaufte, eisern vom Taschengeld ersparte Kassette überspielen wollte, waren die senkrecht stehenden Rekorder mit Abstand die besseren. Man positionierte sie unmittelbar vor den Lautsprecher des Fernsehers, wies die im Zimmer versammelte Familie zu unbedingter und absoluter Ruhe an und drückte die Aufnahmetaste. Während dann Rex Gildo und Costa Cordalis Lieder über Leid und Liebe schmetterten, bahnte sich in der Hälfte aller Aufnahmefälle mitten im Lied die Katastrophe an. Pech, wer kleine Geschwister oder auch nur einen Wellensittich hatte. Eine störungsfreie Aufnahme war so gut wie nie möglich. Entweder der kleine Bruder brüllte, der Wellensittich piepste oder unverhoffter Besuch platzte in die Szenerie. So konnte man sich dann noch jahrelang anhören, wie die eigene Mutter mitten im Refrain von Michael Holms Hit „Mendocino" die Nachbarin begrüßte. Das waren genau jene Momente, in denen man als Kind Hanni und Nanni glühend beneidete und man sich nichts so sehr wünschte wie ein Leben im Internat. Oder zumindest einen eigenen Fernseher, von dem man ungestört seine Lieblingssendungen aufnehmen konnte.

Ein spannendes Jahr: 1974

Als wir zehn Jahre alt wurden …
... *gewann **ABBA** mit Waterloo den Grand Prix Eurovision,*
... *öffnete **IKEA** seine Türen,*
... *wurde das **Playmobil** erfunden,*

... *lief der erste **Golf** vom Band,*
... *kam die **Rocky Horror Picture Show** in die Kinos,*
... *wurde Deutschland **Fußballwelt- meister.***

41

Fantasie statt Playstation:
Verkleiden war eine tolle Sache

Albtraum Aussteuer

Geschenke, die Großmütter liebten und Kinder verabscheuten, waren silberne Löffel, grün-lila-orange gemusterte Handtücher und Keramikschüsseln, die man „später mit Obst drin auf den Tisch stellen" sollte. Doppelstöckige Schalen, Schüsselchen für Nüsse, bestickte Tischdecken: Als Kind verdrehten wir die Augen und waren bitter enttäuscht, wenn sich die heiß ersehnten Rollschuhe in einen Gemüselöffel von WMF oder in eine Kaffeetasse von Hutschenreuther verwandelt hatten.

„Später wirst du mir mal dankbar sein", lautete der oft gehörte Satz des Spenders des unerwünschten Geschenks. Es war aber auch später niemand dankbar. Die Mode hatte sich so extrem gewandelt, dass die kreischbunten Handtücher der 70er keinesfalls kompatibel zum Schwarz-Weiß-Ideal der 80er-Jahre waren. Auch später, in jenem Alter, in dem uns doch wie angekündigt die Dankbarkeit hätte erfassen müssen, wollte sich kaum eine junge Frau in hellrosa Damastbettwäsche legen. Wir sorgten etwas später vor und batikten das rosa Linnen zum Entsetzen unserer Mütter kurzerhand hennarot. Es ging uns wie der Generation unserer Eltern: Die Schränke waren voll mit einst nützlichen Dingen, die wir erst nicht benutzen durften und dann nicht nutzen wollten, weil wir sie als altmodisch und hässlich empfanden.

Ereignis der Woche: essen gehen

Das Essengehen kam in Mode. Es war ja schon aufregend, wenn es Hähnchen mit Pommes aus der Kneipe um die Ecke gegeben hatte. Die Ankündigung aber, am Wochenende beim Jugoslawen essen zu gehen, brachte uns Kinder völlig aus dem Häuschen. Damals war es ein echtes Abenteuer, solch unaussprechliche Gerichte wie Cevapcici oder einen Lustigen Bosniak auf dem Teller zu haben. Die jugoslawische Kost war das exotischste, was uns auf die Zunge kam. Pizza dagegen kam bei Erwachsenen und Kindern gut an. Man konnte die Zutaten klar definieren, auch die Zubereitung war durchaus nach-

Essen gehen war in den 70ern ein seltenes Ereignis

vollziehbar: Pizza entwuchs damit der Rolle des kulinarischen Exoten recht schnell.

Eltern, die Freunde zu sich nach Hause einluden, griffen gerne auf das in den 70ern beliebte Fondue zurück. Diese äußerst zeitintensive Variante des Abendbrots kam damals ganz groß heraus, genau wie das Raclette. Die frühen 70er waren also schlechte Zeiten, um auf die Figur zu achten. Die Kühlschränke und Keller waren voll, das Angebot auf Märkten und in Läden wuchs und wuchs. Die Welt wurde größer, auch in kulinarischen Fragen. Zum Kaffee oder als Dessert bürgte der Sarotti-Mohr für Qualität, Eßzet-Schnitten und Nutella trieben den Blutzuckerspiegel schon beim Frühstück nach oben.

Geha oder Parker, Sweet oder Slade

Die 64er lernten schon früh, dass man sich im Leben ständig ent-scheiden muss. Das ging in der Schule los, als sich die Klasse in die Geha- und in die Pelikan-Frak-tion teilte. Den richtigen Füller zu benutzen, kam einer Art Glaubens-bekenntnis gleich. Genauso musste man sich in Jeansfragen entschei-

Musik nicht nur für Mädchen: Sweet

den: Entweder man trug eine Levis oder aber eine Wrangler. Beide sahen an kleinen dicken Menschen mit kurzen Beinen schlicht grausig aus. Das Prob-lem: Viele von uns waren klein und dick. Die Entscheidungsfreudigkeit musste man auch in Sachen Musik beweisen. Wir mussten uns in der Post-Beatles-Ära zwischen Sweet oder Slade, Abba oder Bay City Rollers entscheiden. In den 80ern ging es weiter mit dem Entscheiden. Die Fragen lauteten dann aber ganz anders: Michael Jackson oder Prince, Popper oder Punker.

11. bis 14. Lebensjahr

Spot an für den Richter

Die Plätze der aktuellen Charts zu kennen war ungeheuer wichtig. Wir entdeckten unser erstes Hobby: Musik hatte für uns schon früh einen hohen Stellenwert. Wir tauschten Kassetten, die wir ständig in einer tragbaren Kassettentasche mit uns herumtrugen und saßen andächtig vor winzigen Plattenspielern mit externen Lautsprechern, die lustig vor sich hin schepperten. Wer die gerade angesagten Stars hören, sehen und bewerten wollte, hatte dazu eine gute Gelegenheit: Das erledigte sich am schnellsten und mit dem höchsten Spaßfaktor bei der Sendung „disco" mit Ilja Richter. Das war ein großer, dünner Mann im poppigen Anzug und mit einer Beleuchtungsanlage, die offenbar nur einen einzigen Scheinwerfer, einen Spot, zu bieten hatte. „Licht aus – Spot an!": Der Slogan ist unvergessen. Ebenso das Ambiente. Für uns jugendliche Zuschauer drehte sich längst nicht alles nur um Stars wie das One-Hit-Wonder Harpo, das mit lockigem Haar und bloßen Füßen auftrat. Sein Lied „Moviestar" kannten wir auswendig. Wir betrieben beim „disco"-Schauen auch frühe soziologische Studien über (fast) Gleichaltrige. Auf Bänken im Studio saßen dicht gedrängt Jugendliche, die frenetisch applaudierten, wenn der Star hereinkam, der mit dem Mikrofon ein kilometerlanges Kabelgewirr hinter sich herzog. Wir saßen nicht im Fernsehstudio, sondern im dunkelblauen Trainingsanzug mit drei (nur im schlimmsten Falle zwei) Streifen an der Seite zu Hause vor dem Bildschirm und mussten nach der „disco" die Peter-Alexander-Show gucken, weil die Eltern sie sehen wollten. So blieb uns nichts übrig, als mit vor Staunen offenem Mund Penny McLean „Lady Bump" kreischen zu hören und bei Baccaras „Yes Sir, I Can Boogie" glücklich mitzusummen. Marianne Rosenberg sang davon, dass er zu ihr gehöre und Marleen nun gehen müsse – wir sahen ihre zur Außenrolle geföhnten Haare, hörten ihre glockenhelle Stimme, verstanden im Gegensatz zu Penny McLeans Texten jedes Wort und waren in dem Moment wieder große Freunde der deutschen Unterhaltungsmusik.

Tanzen mit Travolta

Eine Disco war auch Dreh- und Angelpunkt des Films, der die Jugendlichen in Scharen in die Kinos lockte. Als „Saturday Night Fever" anlief, waren wir 13 Jahre alt. John Travolta tanzte aber erst für die Zuschauer ab 14. Es half nichts, wir mussten diesen Film sehen.

Für die Mädchen war es einfacher, an der Kinokasse zu mogeln. Die Jungs konnten nur auf cool machen, die Mädchen trugen vor dem Spiegel fingerdick Lidschatten und Lippenstift auf. Zu Hause hätte es nur Streit gegeben, deswegen fand die Schminkaktion unmittelbar vor dem Auftritt an der Kinokasse statt. Erst dort entschied sich, ob wir zu jung waren fürs Samstagnachtfieber oder nicht. Wir waren es nicht. Den Kartenverkäufern war es schlicht egal, wer von den Horden hysterischer Teenies schon 14 war und wer nicht. Sie ließen uns alle rein.

Der Film bescherte den Tanzschulen eine einmalige Renaissance. Plötzlich fanden wir uns beim Grundschritt des Cha-Cha wieder, übten den Foxtrott und den Jive. Und das zum hellen Entzücken unserer Eltern freiwillig.

Die BRAVO

Aber bis zum richtigen Discofieber war es noch ein weiter Weg in jenen Tagen, in denen wir sehnsüchtig auf die Donnerstage warteten. An diesem Tag erschien die Zeitschrift Bravo. Die musste man aus vielen Gründen lesen. Zum einen gab es da das

Gucken, was passiert: erste zögerliche Kontakte zwischen Jungs und Mädchen

Neueste aus der schillernden Welt der Stars. Elton John zeigte seine Riesenbrillen, Gary Glitters Name war Programm für seine Anzüge, Kiss schockierte mit meterlangen Zungen die Eltern, David Bowie stelzte elegant auf Plateauschuhen, Suzi Quattro rockte in Leder „48 Crash". Eine Ausgabe der Bravo zu verpassen, wäre ein Albtraum gewesen. Denn das bedeutete, dass der Starschnitt von Sweet oder von den Bay City Rollers bis in alle Ewigkeit Lücken aufweisen würden. Auch die Foto-Love-Story verlangte Kontinuität. Wenn man

11. bis 14. Lebensjahr

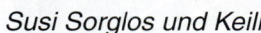
Musik war wichtig: Wir kannten die Charts auswendig

eine Folge mit den Bildern verpasste, die aneinandergereiht wie ein langsames Daumenkino über Wochen hinweg Geschichten um Liebe, Freundschaft und Eifersucht erzählten, war man gelackmeiert. Und darauf angewiesen, dass andere erzählten, was in der letzten Ausgabe passiert war. Und dann gab es natürlich jene Rubrik, wegen der man die Bravo eigentlich kaufte: Dr. Sommers Tipps zu zwischenmenschlichen Beziehungen jagte uns ehrfürchtiges Staunen und wohlige Schauer über den Rücken. Damals drehte sich viel um das Wort Petting und um viele andere Dinge, von denen wir mit 14 nichts wussten. Weder in der Schule noch zu Hause war die Aufklärung ein großes Thema.

Wir waren eine Generation emsiger Radiohörer. Abendliche Hitparaden bannten uns stundenlang, die Finger über der Aufnahme- und der Stopptaste schwebend, am Rekorder. Die Zahl der aufgenommenen Kassetten wuchs schnell. Das Radiohören brachte einen nicht nur auf den aktuellen Stand des Musikgeschehens: Endlich hatte auch das Aufnehmen mit dem winzigen Kassettenrekorder vom Lautsprecher des Fernsehens ein Ende. Der gut sortierte Jugendliche besaß Ende der 70er-Jahre längst einen Radiorekorder, auf den er stolz war. Jeder träumte von einem Stereo-Plattenspieler mit Extra-Lautsprecher oder noch besser: einer Kompaktanlage. Solche Träume erfüllten sich aber meist erst nach der Konfirmation oder Firmung, zu der es traditionsgemäß das gab, was wir nur in geringem Maß besaßen – Geld.

Susi Sorglos und Keili

Einen Meilenstein in der Unterhaltung setzte der Komiker Otto Waalkes. Hatten sich Unterhalter wie Heinz Erhardt mit ihren Scherzen zuvor ausschließlich an die Erwachsenen gewandt, so entdeckten jetzt Kinder und Jugendliche den zotteligen Ostfriesen und seine Nonsens-Sprache für sich. In jeder Klasse gab es einen, der Otto besonders gut imitieren konnte. Otto legte dem Begriff der Comedy – der damals noch Unterhaltung hieß – mutig, witzig und frech völlig neue Maßstäbe an.

Er brachte uns unsinnige Verse bei, in denen sich Politikernamen (Dubcek, Mao Tse-tung, Strauß) aneinanderreihten, erklärte uns den menschlichen Körper anhand von Keili, der Seife in Keilform, berichtete von sprechenden Föhnen, von einer Frau mit dem seltsamen Namen Susi Sorglos und seinem Lieblingstier, dem Ottifanten. Der blanke Nonsens, aber zum Schreien komisch.

Tüll, Turnhosen und der Hexer

Sowohl das Fernsehprogramm als auch das Wohnzimmer hatten sich in den vergangenen Jahren sehr verändert. Blumenfenster mit tiefen Fensterbänken kamen in Mode: Usambaraveilchen, Kakteen und viele Dinge zum Staubfangen und Rumstehen teilten sich den Platz an der Sonne. Die Tüllgardinen davor waren gelb oder orange und wurden in der Mitte gerafft, sodass es aussah, als trüge das Fenster einen Mittelscheitel. Die Kinder rangelten um jeden Zentimeter auf den Cordsofas.

Es musste nicht immer Edgar Wallace sein: Zeichentrickfilme mochten wir genauso gerne

Braun, gelb und orange gestreift, mit riesigen Polstern und dicken Armlehnen versehen, verdrängten sie die tiefen alten Sofas und die flachen 50er-Jahre-Modelle aus den Wohnzimmern. Ein ganz neues Möbelstück kam in Mode. Viele Väter gönnten sich einen Fernsehsessel. Der war schmal geschnitten, mit einer aus Kindersicht meterhohen Lehne versehen und – der Clou! – bot die Chance, den unteren Teil auszuklappen, sodass Papa die Beine hochlegen konnte.

Doch der absolute Hit waren jene Sessel, die wie halbe Eierschalen aussahen und die man kreisen lassen konnte, bis einen der Drehwurm packte. Die wirkten so zerbrechlich, dass wir gleich einen mutigen Selbstversuch unternahmen:

Wir setzten den kleinen Bruder – wahlweise auch Schwester – hinein und drehten das Ding so lange, bis wir wussten, dass Drehsessel tatsächlich mehr einstecken konnten als Bruder oder Schwester.

Ein gewagter Traum vom eigenen Zimmer schloss aufblasbare Möbel ein. Solche Sessel ließen sich zu ausladenden Formen aufblasen und sahen ungeheuer nach Science-Fiction aus. Die waren cool. Mindestens so cool wie der „Rote Korsar" mit Burt Lancaster. Oder Winnetou. Die Sonntagnachmittage, an denen Pierre Brice zusammen mit Lex Barker über karge Berglandschaften im damaligen Jugoslawien ritt, waren schöne Kindheitsmomente. Als Winnetou dann starb, brachen Kinderwelten zusammen. Jeder von uns sah alle Winnetou-Filme mehrmals, man kam um diese Geschichten voll Mut, Macht und Männerfreundschaft einfach nicht drum herum. Man konnte den letzten Teil so oft sehen, wie man wollte. Jedes Mal, wenn Winnetou starb, war man zutiefst schockiert, dass der tapfere Indianer tatsächlich tot sein sollte.

Anpfiff: Neben Musik hatten die Jungs noch ein großes Hobby, das Fußballspielen

Der Franz, der Berti und der Sepp

Kaum ein 64er-Fußballfan, der nicht die Aufstellung jenes Fußball-Teams auswendig herunterleiern kann, das mit Trainer Helmut Schön 1974 die Weltmeisterschaft gegen Holland gewann. Sepp Maier im Tor, rechter Verteidiger Berti Vogts, linker Verteidiger Paul Breitner, Vorstopper Katzsche Schwarzenbeck, Libero Franz Beckenbauer, im Mittelfeld Rainer Bonhof, Wolfgang Overath, Jürgen Grabowski, Ulli Hoeneß und im Sturm Gerd Müller und Bernd Hölzenbein. Jeder Junge konnte mitten in der Nacht die Aufstellung der deutschen Elf runterrattern. In der 74er-Mannschaft waren mehr Weltklassespieler dabei als zuvor oder danach, sagen viele, war das spielerische Niveau hoch. Das Thema Sport wurde zu einem immer wichtigeren Bestandteil des Lebens. Selbst das Boxen war dank Muhammad Ali salonfähig geworden. Das Problem: Die Boxkämpfe wurden wegen der Zeitverschiebung bei uns immer nachts übertragen. Als er sich 1974 in Zaire in der achten Runde den Weltmeistertitel von George Foreman zurückholte, kannte die Begeisterung fürs Boxen keine Grenzen mehr.

Der deutsche Herbst und die GSG 9

Hanns-Martin Schleyer

Mit der Entführung des Arbeitgeberpräsidenten Hanns-Martin Schleyer am 5. September 1977 erreichte der Terror der Roten Armee Fraktion (RAF) seinen Höhepunkt. Hinter dem romantischen Begriff „Der deutsche Herbst" verbarg sich eine der größten innenpolitischen Krisen der BRD. Der „Herbst" begann im Frühjahr mit dem Mord an Generalbundesanwalt Siegfried Buback und setzte sich fort mit dem an Jürgen Ponto, Vorstandsvorsitzender der Dresdner Bank. Im Oktober überschlugen sich die Ereignisse. Am 13. Oktober 1977 entführten arabische Luftpiraten die Lufthansa-Maschine „Landshut" auf ihrem Weg von Mallorca nach Frankfurt. Die Entführer, die den Piloten anwiesen, nach Mogadishu (Somalia) zu fliegen, waren Verbündete der deutschen Terroristen, die Schleyer entführt hatten. Sie verlangten 15 Millionen Dollar Lösegeld und die Freilassung zweier palästinensischer Häftlinge. Am 18. Oktober landete in Mogadishu das

Spezialkommando der Grenzschutzgruppe GSG 9. Gegen Mitternacht stürmte die Spezialeinheit innerhalb von sieben Minuten die Maschine und befreite die Geiseln. Dabei kamen drei der Terroristen ums Leben. Es war das erste Mal, dass die GSG 9 im Kampf gegen den Terror eingesetzt wurde. Einige Stunden später wurden die in Stammheim inhaftierten Terroristen Gudrun Ensslin, Andreas Baader und Jan-Carl Raspe tot aufgefunden. Am nächsten Tag, dem 19. Oktober, wurde Schleyers Tod bekannt.

Aus Kindern werden Leute: Kreidler und Karottenhosen

Der Irrwitz der Farben:
Die 70er hatten es in sich

Cooles aus der Kompaktanlage

Kaum etwas in unserem 14-jährigen Leben hatte solche Bedeutung wie die Konfirmation oder Firmung. Wir fieberten diesem Fest entgegen, weil es einen Meilenstein auf dem harten Weg ins Erwachsenenleben darstellte. Endlich galten wir in den Augen der Eltern als alt genug, um den Jugendclub zu besuchen und die Kirmes zu feiern. Wenn man Glück hatte, schenkten die Verwandten Geld. Niemand von uns überlegte lange, was er damit anfangen sollte. Wir träumten den kollektiven Traum von einer Stereo-Kompaktanlage. Doch bis die in den Jugendzimmern mit den wild gemusterten Tapeten stand, mussten wir hart arbeiten. Zwei Jahre

Chronik

20. Januar 1978
In der BRD läuft der letzte VW Käfer vom Band.

26. Juli 1978
In England kommt Louise Brown, das erste Retortenbaby, zur Welt.

16. Januar 1979
Schah Reza Pahlewi flieht aus dem Iran und ermöglicht dem islamischen Geistlichen Ayatollah Khomeini die Rückkehr aus dem Exil.

27. Dezember 1979
Einmarsch: Russische Truppen besetzen die afghanische Hauptstadt Kabul.

22. Juni 1980
Das deutsche Fußball-Team besiegt in Rom die belgische Mannschaft mit 2:1 und wird zum zweiten Mal Europameister.

22. September 1980
Der Einmarsch der irakischen Truppen in den Iran ist Auslöser des ersten Golfkrieges.

8. Dezember 1980
Der Ex-Beatle John Lennon wird vor seinem Haus in New York erschossen.

1. Januar 1981
Der CD-Spieler kommt auf den Markt.

28. Februar 1981
Bei Brokdorf findet die größte Anti-Atomkraft-Demonstration in der Geschichte der Bundesrepublik statt.

13. Mai 1981
Schüsse auf den Papst: Johannes Paul II. wird bei einer Audienz in Rom schwer verletzt.

29. Juli 1981
Der englische Thronfolger Prinz Charles heiratet Lady Diana Spencer.

31. Dezember 1981
In den USA diagnostizieren Ärzte erste Fälle von Acquired Immure Deficiency Syndrome: Aids.

2. April 1982
Argentinien besetzt die zu Großbritannien gehörenden Falklandinseln.

1. Oktober 1982
Durch ein Misstrauensvotum wird Helmut Kohl Bundeskanzler.

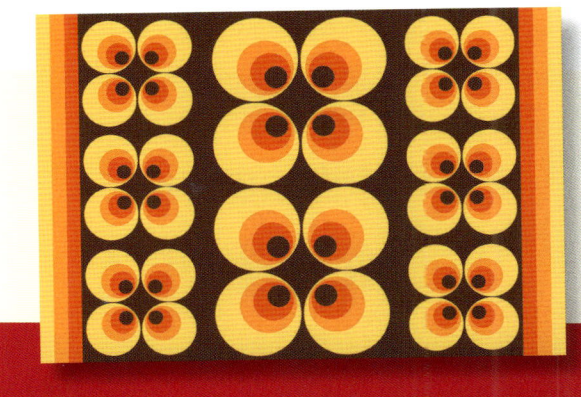

Typische Tapete der 70er

lang gingen wir einmal die Woche zur Konfirmandenstunde, lernten, sangen, beteten und bastelten auf Freizeiten. Dann war es so weit. Die Wohnzimmer wurden ausgeräumt, Tische und Stühle aufgestellt, die Mütter schlugen kübelweise Schlagsahne und buken ungezählte Torten. Die Jungs trugen dunkle Samtanzüge und eine Fliege um den Hals, die Mädchen bügelten lange schwarze Röcke auf. Schon Wochen vorm großen Fest hatten wir beim Elektronikhändler unseres Vertrauens gestanden, waren stundenlang um tischplattengroße Stereoanlagen herumgestrichen und hatten uns endlich für eine entschieden. Meist für die, die von der Zahl der Tasten, Knöpfe und Regler am meisten hermachte. Schneider- und Rosita- Kompaktanlagen sorgten ab dem Frühjahr 1978 für hohe Dezibelzahlen in vielen Jugendzimmern. Auf den meisten der Plastikdeckel, die sich zum Schutz der Geräte mit einem harten Plong herabsenkten, prangten Aufkleber, die zu mehr Frieden, zu weniger Atomkraft und zum Nichtrauchen aufriefen.

Moderne Jugendzimmer:
Angst vor grellen Mustern
hatte in den 70ern niemand

Schöner Wohnen mit Schleiflack

Unsere Jugendzimmer sahen alle aus wie geklont. Die Industrie hatte eine Marktlücke entdeckt – das Jugendzimmer. Kunststoffmöbel waren der Hit der späten 70er-Jahre. Die Mädchen bevorzugten bei der Wahl der Schleiflackmöbel Weiß und Rot, die Jungs standen auf Lindgrün und Braun. Alle Zimmer hatten einen Bettkasten, in dem man hervorragend Kassetten lagern konnte, wenn im bunt karierten, mit Aufklebern versehenen Kassettenkoffer nicht mehr genügend Platz für alle Tonträger war. Unterschiede in den Jungenzimmern gab es nur in der Wahl der Fußballmannschaft, deren Poster über dem Bett hing. Zwischen den Fans von Bayern München und denen von Borussia Mönchengladbach klafften Welten, auch bei den kreischbunten Schals, die sich die Jungs stricken ließen, ging es nicht um die Lieblingsfarbe, sondern um die des Lieblingsvereins. Jungs pappten Poster der Rolling Stones oder von Led Zeppelin an die Wand, Mädchen, die über das Pferdeposter-Alter hinaus waren, schwärmten für David Cassidy oder den Schwimmer Mark Spitz, pinnten Herbstlandschaften und „Ohne Rauch geht's auch"-Plakate an die Zimmertüren. Es war ratsam, so viele Poster wie irgend möglich an der Wand aufzuhängen. Je mehr Bilder hingen, desto weniger sah man von den psychedelischen Tapeten: Weiße Raufaser war noch unbekannt, stattdessen klebten große florale Motive an der Wand. Kräftige Farben wie Orange, Braun, aber auch Sonnengelb, Kirschrot oder Apfelgrün gaben in den Jugendzimmern den Farbton an. Es war die Renaissance des Ornaments.

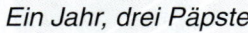

Ein Jahr, drei Päpste

Am 16. Oktober 1978 wurde mit dem polnischen Erzbischof Karol Wojtyla zum ersten Mal seit 460 Jahren ein Nicht-Italiener Papst. Als Reminiszenz an seinen Vorgänger Johannes Paul I., der auf Paul VI. gefolgt war und nach nur 33 Tagen im Amt starb, wählte er denselben Namen. Auch in Zeiten von Emanzipation und Aids vertrat dieser Papst eine unnachgiebig konservative Haltung in Fragen des Scheidungsrechts, des Zölibats und der Verhütung.

Schick in Strick

Es war wie eine Art Wahn:
Die Mädchen strickten. Immer,
zu jeder Tages- und Nachtzeit gingen sie mit dicken Nadeln ans Werk. Der Ehrgeiz kannte keine Grenzen, während einer Doppelstunde Religion entstanden auf den Nadeln der halben Klasse geradezu wahnwitzige Norwegermotive. Die Lehrer blickten damals vor allem auf Scheitel statt in Gesichter – die Augen der Schülerinnen sahen auf die Nadeln unter dem Tisch statt auf die Tafel an der Wand. Die Mädels strickten Pullover, Pullunder, Handschuhe, Schals, Westen und Strickjacken, die nach jeder Wäsche länger wurden.

Überhaupt war die Mode aus den Fugen geraten, hatte alle Konventionen gesprengt. Nichts war zu kurz, zu lang, zu bunt: Die Puffärmel der grellbunten Blusen plusterten sich wie kleine Heißluftballone auf, die gesmokten Oberteile pressten sich eng an die Leiber, die Hosenbeine krönte ein mächtiger Schlag. Die Jackenfrage war schnell gelöst. Als Jugendlicher hüllte man sich entweder in dicke dunkelgrüne Parkas, die aussahen, als hätte man sie aus der Kleiderkammer der Bundeswehr gestohlen, oder in pelzige Wildledermäntel, die ihre Träger meist knielang umzottelten.

Die Zeiten aber, in denen die Mädchen jene Kunstfell-Mützen trugen, die mit zwei langen felligen Bändern unter dem Kinn verknotet wurden, waren vorbei. Erstens sahen sie furchtbar aus, zweitens machten wir uns mittlerweile Gedanken um unsere Köpfe – oder besser: um unsere Frisuren. Die Mädchen saßen gerne stundenlang beim Friseur, um sich eine Dauerwelle verpassen zu lassen. Damit sah man zwar aus, als hätte man einen mächtigen Stromschlag abbekommen, aber nichts entsprach dem damaligen Schönheitsideal so sehr wie eine dichte künstliche Lockenpracht. Dafür nahm man gerne viel Chemie, gebrochene Haarspitzen und hohe Kosten in Kauf. Junge Frauen, die sich diesem Trend widersetzten, griffen zur Rundbürste und drehten sich eine flotte Außenrolle vor die Ohren. Die Jungen ließen ihr Haar wild wachsen und versuchten sich Koteletten oder einen Bart zu züchten. Wer sich über Latzhosen, selbst gestrickte Pullover und Entenschuhe lustig machte, hatte die Zeichen der Zeit nicht erkannt. Die Ökobewegung warf ihre Schatten voraus.

Peace, Pillhuhn und der Südwester

Neben dem Stricken war auch das Batiken und Beschriften von Kleidungstücken bei uns 14-Jährigen angesagt. Wer diese ineinander verschmelzenden Buchstaben malen konnte, die aneinandergereiht stets die Worte Love oder Peace ergaben, musste reihenweise die gelben Regenjacken seiner Klassenkameraden beschriften. Die quietschgelben Südwester waren nicht nur hundertprozentig wasserdicht, sie ließen sich auch so gut mit Kuli bemalen wie kein anderes Kleidungsstück. „I love Thomas" war ein Satz, der überall zu lesen war – Name natürlich beliebig auswechselbar. Auf Schultischen, Bänken und Gipsverbänden prangte noch ein anderes, oft gemaltes Symbol: Zwei große staunende Augen, ein angedeuteter Körper, der aus einer Art Ei schlüpfte: Fertig war das Pillhuhn.

Die Spange im Streuselkuchen

Die Generationen vor uns durften noch mit schief gewachsenen Zähnen leben, bei uns griffen die Kieferorthopäden entschlossen ein. Am Anfang beschäftigte den Spangenträger nur die Frage, wie man um Himmels willen mit einer solchen Konstruktion im Mund ein Stück Streuselkuchen essen sollte. Wenige Monate später brannte uns eine ganz andere Frage auf der Seele: Wie sollte man mit solchen Ersatzteilen im Mund jemals den ersten Kuss bekommen? Diejenigen, die eine herausnehmbare Spange trugen, waren fein raus. Die setzten das Ding nur nachts ein. Morgens verabschiedeten sie sich mit dem Eisengebiss im Mund von ihrer Mutter, auf dem Weg zum Schulbus aber nahmen sie die optische Katastrophe heraus und setzten sie erst auf dem Heimweg von der Schule wieder ein. Die Freunde mit schiefem Gebiss und fest montiertem Regulator litten doppelt: beim Streuselkuchenessen und beim Blick in den Spiegel.

Beim Klammerblues störten die Spangen so sehr wie nie. Nie vorher und auch nicht nachher waren wir uns ihrer so sehr bewusst wie in jenen Momenten, in denen Rod Stewart „Sailing" oder Pink Floyd „Shine on your crazy diamond" sang. Der Blues wurde zu jeder sich bietenden Gelegenheit getanzt: bei Klassenfeten im SV-Raum, auf Klassenfahrten zwischen Etagenbetten, im Jugendclub bei den Farben der Lichtorgel.

Die Welt in Miniatur

Eine seltsame Mode machte sich Anfang der 80er breit: Wir fingen an, die Welt in Miniatur zu sammeln und sie in Setzkästen zu stellen. Setzkästen gab es in allen Farben, Formen, Größen, die Dinge zum Reinstellen erst recht. Spätestens bei der Aufforderung, den Inhalt der Kästen auch einmal abzustauben, wurde uns mulmig. Die staubigen Mini-Tiere und

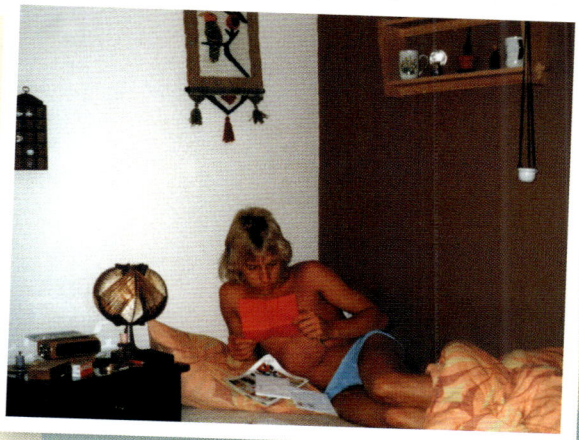

Schlafen unterm Setzkasten

Modelle waren eine stille, aber stetige Mahnung ans Aufräumen und Saubermachen. Bis es uns zu viel wurde und die Setzkästen samt Inhalten staubfreien Postern Platz machten, die ebenso still und beständig zu mehr Frieden in der Welt mahnten. Das alles passte zu den Makramee-Ampeln, die überall in den Fenstern hingen, die Sicht nahmen und so hoch angebracht waren, dass man die Blumen darin nur mithilfe eines Hockers gießen konnte.

Atomkraft? Nein danke

Unter dem Einfluss der Ölkrise setzte die Bundesregierung verstärkt auf Atomenergie. Das blieb nicht ohne Folgen: 1973 entstand die Anti-Atom-Bewegung als Widerstand gegen die Nutzung der Kernkraft in der BRD, die bis in die 80er-Jahre immer größer wurde.

14. Mai 1973 – Wyhl sollte Standort eines Atomkraftwerks werden. Erste Bürgerinitiativen wurden gegründet
26. Oktober 1976 – Baubeginn in Brokdorf: unter schwerem Polizeischutz entstand eine Festung mit Zäunen und Wassergraben
19. Februar 1977 – Trotz Verbots: 50 000 demonstrierten in Brokdorf
24. Juli 1977 – 60 000 demonstrierten gegen den im Bau befindlichen Schnellen Brüter in Kalkar am Niederrhein
28. März 1979 – Störfall im amerikanischen AKW Harrisburg
10. September 1979 – In Gorleben begannen die Tiefenbohrungen

14. September 1979 – 150 000 demonstrierten in Bonn für die Stilllegung aller Atomanlagen
28. September 1979 – Der Plan stand: Gorleben sollte Atommüllendlager werden
3. Mai 1980 – 5000 Menschen besetzten die Bohrstelle 1004 im Gorlebener Wald und proklamierten die Republik Freies Wendland
28. Februar 1981 – 100 000 Atomgegner versammelten sich in Brokdorf
30. April 1984 – Wendland-Blockade: AKW-Gegner machten die Straßen im Kreis Lüchow-Dannenberg dicht
26. April 1986 – Supergau im Kraftwerk Tschernobyl
26. August 1986 – In zehn Jahren sollte die BRD draußen sein: Die SPD beschloss den Ausstieg aus der Atomkraft
30. März 1989 – 100 000 demonstrierten in Wackersdorf
Mai 1989 – Der Bau in Wackersdorf wurde eingestellt

Krautrock und Kernkraft

Die erstarkende Friedens- und Umweltbewegung manifestierte sich auch in der Musik. „Alle, die den Frieden wollen, sollen aufstehen" bat Bots aus Holland. Und informierte zugleich darüber, dass die Band trinken wolle und zwar sieben Tage lang. Georg Danzer gab sich sozialkritisch, André Heller intellektuell, Ludwig Hirsch melodramatisch, Konstantin Wecker eindringlich. Viel deutlicher blies der Krautrock zum Aufbruch: Viele Bands lebten in Musikerkommunen auf dem Lande. Ihr Ziel war es, ein neues Klangdesign zu schaffen. Bands wie Witthüser und Westrup, Kraan, Grobschnitt, Embryo, Tangerine Dream und Kraftwerk ließen Musik neu klingen. Sie griffen das Publikum mit einem nicht enden wollenden Gitarrensolo an oder einem Schlagzeugrhythmus, der den Drummer zu Boden streckte. Man brauchte Zeit, um zuzuhören.

Eine plakative Sprache sprachen Rio Reiser und Ton, Steine, Scherben: Sie gelten bis heute als die damaligen Poeten des Widerstands. Je lauter es auf den Straßen wurde, je vehementer die Menschen das Recht auf Gleich- berechtigung, Abtreibung, Kernkraft einforderten, desto lauter setzte sich dieser Protest musikalisch um. Wer die Scherben nicht mochte, setzte auf Udo Lindenberg. Der galt als Stimme jener Generation, die alles hinterfragte, Diskussionen über alles liebte und langsam die Haare wachsen ließ. Als dann Nina Hagen 1978 ihre Platte Unbehagen herausbrachte, teilten sich die Musikfreunde in ein Pro- und in ein Kontra-Lager. Der Punk, 1976 mit Sid Vicious und den Sex Pistols in England entstanden, hatte die deutsche Sprache erobert.

Mit der Kreidler war man der König

Es waren nicht nur die Jungs, die sich sehnsüchtig wünschten, endlich 15 zu werden. Der 15. Geburts- tag war Stichtag und Lizenz zugleich. Wir durften Mofa fahren. Ohne Mofa war man Ende der 70er nur ein halber Jugendlicher. Ein großes Zweiradgetüm- mel war normal, überall heulten und quietschten frisierte Kreidler, Puch, Herkules, Zündapp und KTM, die viel schneller fuhren als im Fahrzeugschein angegeben. Nur ein Jahr später, mit 16, konnte man

Der Weg ist das Ziel:
Mofas machten uns mobil

den Führerschein Klasse 4b machen. Der berechtigte sowohl zum Trecker- als auch zum Mopedfahren. Einen Trecker wollte niemand, ein Moped jedoch alle. Jungs, die ein Zweirad hatten, waren die Könige an den Treffpunkten und hatten wesentlich größere Chancen bei Mädchen als die ohne Moped. Es war die Zeit der Cliquenbildung. Jeder hatte eine Clique, eine feste Freundes- gruppe, die eine eingeschworene Gemeinschaft war. Als Jugendliche trafen wir uns an Bushaltestellen, auf Spielplätzen, in Gemeinschaftshäusern und vor allem im Jugendclub. Eine Theke mit schiefen Hockern davor, ein selbst

gezimmerter Verschlag für den DJ, ein paar alte Sofas, fertig war der Jugendclub. An der Decke hingen als Spinnwebenfänger Tarnnetze der Bundeswehr
(was auch die größten Friedensfreunde nicht störte), an die Wand malten wir
friedliche Regenbögen, hörten „Smoke on the Water" und träumten von einem
Konzertbesuch bei Deep Purple, der damals lautesten Band der Welt. Das
Doppelalbum „Made in Japan" lief bei jedem Treffen, bis wir es nicht mehr
hören konnten. Wir gingen am Vormittag zur Schule und am Nachmittag
unseren Gedanken nach. Wir machten erste Erfahrungen: Mit Hardrock, dem
anderen Geschlecht, Alkohol und Zigaretten.

Alkohol und Zigaretten: Wir testeten,
was das Leben zu bieten hatte

Zug um Zug:
Die erste Zigarette

Zigaretten kosteten zwei Mark und
waren damit selbst für Taschen-
geldbezieher und Anfänger
erschwinglich. Um sich aber das
Rauchen richtig anzugewöhnen,
musste man äußerst hartnäckig
und willensstark sein. Die ersten
Züge schmeckten furchtbar, das
Nikotin verursachte Schwindel, der Qualm bereitete Übelkeit. Da aber die
meisten Eltern rauchten und Zigaretten in jeder Lebenslage immer noch als
schick galten, meisterten wir tapfer die Probleme mit Hals, Lunge und tränen-
den Augen und wurden damit ernst zu nehmende Raucher. Spätere Versuche,
von der Sucht wieder loszukommen, erforderten dann noch wesentlich mehr
Willensstärke und Durchhaltevermögen.

Die erste Berührung mit Alkohol war meist genauso schlimm wie die ersten
Züge an der Zigarette. Apfelkorn, Persico und Kuba Libre waren die großen
Renner, genau wie Asti Spumante, billiger Martini und Lambrusco aus den
preisgünstigen Zwei-Liter-Flaschen. Wie beim Rauchen war auch beim Trinken
aller Anfang schwer. Am Tag nach dem Probieren verschiedener pappsüßer
Schnäpse hatten wir neben heftigen Kopfschmerzen die Erkenntnis, dass
Apfelkorn und Kirschlikör keine echten Seligmacher sind.

Tee und Gitarre

Wir stiegen also um auf Jasmintee. Die ganze Welt schien eine einzige große Teeplantage zu sein: Teeläden schossen wie Pilze aus dem Boden. Wir zelebrierten das Teetrinken, ließen ihn auf die Sekunde genau ziehen, gossen ihn vorsichtig in dunkelbraune Keramiktassen mit beigefarbenen Streifen darauf, zündeten neben dem Teelicht fürs selbst getöpferte Stövchen ein Räucherstäbchen an und hockten im Schneidersitz auf Matratzen. Die orangefarbenen Tapeten waren grob gekörnter Raufaser gewichen. Die strichen wir in den gleichen Tönen, die auch die Keramiktassen trugen: Dunkelbraun und Beige. Die Schleiflackmöbel fürs Jugendzimmer, die unsere Eltern nur wenige Jahre zuvor stolz angeschafft hatten, wanderten Stück für Stück auf Dachböden und in Keller. Wir verabschiedeten uns von roten, grünen und weißen Schränken, von Bettkästen und Klappschreibtischen und gingen auf die Suche nach Flokatis, Omas Waschtisch und alten Regalen. Mädchen ersetzten Schals mit selbst gefärbten Baumwollwindeln, trugen Entenschuhe oder Clogs, die bei jedem Schritt laut knallten. Außerdem waren Opas Strickjacken – offen über dem weißen Fruit-of-the-Loom-T-Shirt getragen – schwer angesagt. Wer sich traute und sein politisches Interesse bekunden wollte, schlang sich ein Palästinensertuch um den Hals. Damit war völlig klar, dass man zur anderen Fraktion als jene Popper gehörte, die sich wie Dieter Bohlen frisierten, sodass ihnen immer eine Strähne ins Gesicht fiel.

Die Jungs träumten von Konzerten von Uriah Heep, Ufo, Ted Nugent oder Queen, trugen Leder- und Jeansjacken, die weiß-schwarzen Adidas-Turnschuhe „Universal" und schlugen alle Warnungen, dass dieses Schuhwerk aber gar nicht gut für die Füße sei, in den Wind. Die Mädchen wären für einen Abend mit ABBA gestorben und bevorzugten Kleidung, die vor allem eines war – schlabberig. Die alternative Modewelt setzte auf Kleidung im Walla-Walla-Look.

Wer sich dem verwehrte, setzte klare Gegenpunkte. Diese Jungs trugen Bundfaltenhosen, einen Schnauzer und ein Aktenköfferchen in der Hand, die Mädchen hatten Goldschmuck am Ohr und um den Hals und schicke Betty-Barclay-Kleider am Leib. Statt „Atomkraft? Nein Danke" pappten sie Aufkleber wie „Bei uns kommt der Strom aus der Steckdose" auf die Aktentasche und strichen die Haare zurück, die ihnen ständig ins Gesicht fielen. Um Herr über widerspenstige, weil zu fransige Strähnen zu werden, hatten viele Drahthaarbürsten in der Hosentasche stecken.

Die Haare mussten ohnehin viel aushalten. Wer Zeit hatte, sie zu waschen, griff zum giftgrünen Apfelshampoo, wer keine Zeit hatte, zur unsinnigsten Erfindung der 70er-Jahre: zum Trockenshampoo. Das mochte ja bei blonden Haaren noch angehen. Wer aber dunkel war, sah nach dem Benutzen von Trockenshampoo den ganzen Tag so aus, als hätte er seinen Schopf mit Mehl bestäubt.

Gitarrenspieler waren fein raus. „Lady in Black" von Uriah Heep, „Heart of Gold" von Neil Young und vor allem „Stairway to Heaven" von Led Zeppelin sicherten den Nachwuchs-Gitarristen die Sympathie aller Zuhörerinnen. Allerdings musste man für diese Stücke schon mehr als drei Akkorde schrammeln können. Wer noch nicht so weit war, musste „Blowin' in the Wind" von Bob Dylan oder „The House of the Rising Sun" von Eric Burdon und den Animals klampfen, bis es niemand mehr hören konnte.

Dallas wird Amerikas Mitte

Als 1981 die ARD den ersten Teil der Serie „Dallas" ausstrahlte, landete sie einen großen Coup. In Deutschland war die Daily Soap geboren. „Dallas" revolutionierte das bis dahin eher biedere und behäbige Fernsehprogramm. Jeden Dienstagabend um 21.45 Uhr saßen die Menschen vor den Fernsehern, um zu sehen, wie J.R. trickst, Sue Ellen trinkt, Vater Jock an seinen Söhnen verzweifelt, Bobby im Wettstreit mit dem Bruder stets verliert. „Dallas" war die klassische Soap Opera, sie behandelte in unbegrenzter Serienform alltägliche Probleme der Familie Ewing. Das Format entstand in den 20er-Jahren in den USA zunächst im Hörfunk, dann auch im Fernsehen und richtete sich an Hausfrauen. Weil es von Waschmittelunternehmen finanziert wurde, erhielt es den Namen Soap-Opera.

Lange Haare, lange Gespräche

Dr. Sommer und das Schaumzäpfchen

Das Leben war für Jugendliche gar nicht so einfach, die Gesellschaft begann sich erst langsam auf ihre Bedürfnisse einzurichten. Das machte sich in den Drogerien bemerkbar: Plötzlich gab es Kosmetik speziell für Jugendliche. Wir kauften vom Taschengeld die gesamte Produktpalette von Clearasil und hofften, allen Pickeln und Mitessern damit endgültig den Garaus zu machen. Auch Lipgloss und Apfelshampoo waren neu.

Unsere Eltern mussten sich mit unserem Erwachsenwerden abfinden. Nur wenige konnten sich für die Idee begeistern, dass wir nun einen festen Freund oder eine feste Freundin hatten. Solch enge Beziehungen legten die Vermutung nahe, dass der Nachwuchs Selbstversuche in Sachen Sexualität startete. Das stimmte. Wir waren willig, aber irgendwie immer unter Aufsicht.

Es dauerte lange, es brauchte Geduld und viel Nachdenken, aber irgendwann war's so weit: Wir wollten das erleben, wovon uns die Bravo jahrelang berichtet hatte. Doch der Weg von der Idee bis zum dringend benötigten Verhütungsmittel war lang und steinig. Neben Kondomen gab es entweder die Pille – für die man die Erlaubnis der Eltern benötigte – oder aber Schaumzäpfchen, für die man keine Erlaubnis brauchte. Es erforderte ein extrem hohes Maß an Zivilcourage, in der Apotheke mit lauter Stimme Patentex oval zu verlangen und cool zu kaufen. Die Mädchen rotteten sich für diesen heiklen Einkauf zu Grüppchen zusammen, die Jungs sahen erst dreimal über die Schulter, bevor sie auf der Herrentoilette in Windeseile das abgezählte Geld in den Kondomautomaten warfen und die kleinstmögliche Verpackungseinheit kauften. Aufklärung war damals ein großes Wort, aber eine kurze Angelegenheit: Weder in der Schule noch zu Hause wurde viel über Fragen rund um Körper und Sex geredet. Man hatte im Badezimmer ein Handtuch für oben rum und eines für unten rum und ohne Dr. Sommer von der Bravo wären wir wohl oft aufgeschmissen gewesen.

15. bis 18. Lebensjahr

Berühmte Filme unserer Jugend

1. Januar 1977 – Mit „Saturday Night Fever" von John Badham beginnt die Disco-Welle.
1. Januar 1978 – Ridley Scotts Science-Fiction-Thriller „Alien" läuft an.
22. Januar 1979 – Die Serie „Holocaust" startet im deutschen Fernsehen.
25. Januar 1979 – Richard Donners Film „Superman" mit Christopher Reeve kommt in die Kinos.

25. Mai 1979 – Volker Schlöndorffs Verfilmung von Günter Grass' Buch „Die Blechtrommel" erhält die Goldene Palme in Cannes und vier Monate später den Oscar.
1. Januar 1981 – Wolfgang Petersens Film „Das Boot" läuft an.
10. Dezember 1982 – „E.T." von Steven Spielberg rührt Millionen Menschen zu Tränen.

Vorne kurz, hinten lang und der Scirocco

Wer aufs Gymnasium ging, kam 1980 in die Oberstufe und entschied sich für seine beiden Leistungskurse. Wer Geld verdienen wollte, begann nach der Haupt- oder Realschule eine Lehre. Wir wurden bald volljährig. Die Jungs trugen die Haare noch lang. Zumindest teilweise. Die Frisuren machten Zugeständnisse ans neue Jahrzehnt. Die meisten hatten die Haare vorne kurz, hinten lang und waren damit abgekürzt schlicht Vo-ku-hi-las. Auch in der Mode ging's plötzlich wieder andersrum. Die Hosen hatten keinen weiten Schlag mehr, die Hosenbeine wurden immer enger, die Jungs fragten sich, wie sie mit Schuhgröße 44 durch solch enge Öffnungen kommen sollten. Die Karottenhose befand sich auf ihrem Siegeszug.

Genauso wie die Neue Deutsche Welle: 1980 gründete Annette Humpe die Band Ideal. Die war der Vorreiter der neuen Musik und hob sich durch originelle Stilmischungen und extravagante Texte ab. Die Lieder „Wir steh'n auf Berlin" und „Blaue Augen" waren riesige Erfolge. Mit BAP, Nena, Markus gingen wir auf die 20 zu. Wir lernten für den Führerschein, hofften auf ein eigenes Auto. Der Kreis schloss sich. So wie unsere Eltern noch von einem VW Käfer oder einem BMW 2002 geträumt hatten, standen wir auf Ford Capri oder VW Scirocco. Wer nicht ganz so hoch hinauswollte, sparte auf einen Fiat Panda, einen gebrauchten R4 mit Pistolenschaltung oder eine schaukelige Ente, den Citroen 2CV.

Die 70er-Jahre hatten wir hinter uns, die 80er und 90er und damit noch zwei Jahrzehnte bis zur Jahrtausendwende vor uns. Eine Ewigkeit, dachten wir und stellten gleichzeitig entsetzt fest, dass wir im Jahr 2000 schon steinalte 36 Jahre sein würden. „Gut, dass es noch Lichtjahre dauert, bis es so weit ist", beruhigten wir uns, „die Zeit bis dahin ist ja noch endlos lang." Von wegen.